Dirk Schwarzenbolz

Ist da jemand?

Kurze, lebensnahe Geschichten
zum Nach- und Weiterdenken
für den Religionsunterricht Klassen 7–10

Wir haben uns für die Schreibweise mit dem Sternchen entschieden, damit sich Frauen, Männer und alle Menschen, die sich anders bezeichnen, gleichermaßen angesprochen fühlen. Aus Gründen der besseren Lesbarkeit für die Schüler*innen verwenden wir in den Kopiervorlagen das generische Maskulinum.
Bitte beachten Sie jedoch, dass wir in Fremdtexten anderer Rechtegeber*innen die Schreibweise der Originaltexte belassen mussten.
In diesem Werk sind nach dem MarkenG geschützte Marken und sonstige Kennzeichen für eine bessere Lesbarkeit nicht besonders kenntlich gemacht. Es kann also aus dem Fehlen eines entsprechenden Hinweises nicht geschlossen werden, dass es sich um einen freien Warennamen handelt.

1. Auflage 2021
© 2021 Auer Verlag, Augsburg
AAP Lehrerwelt GmbH
Alle Rechte vorbehalten.

Das Werk als Ganzes sowie in seinen Teilen unterliegt dem deutschen Urheberrecht. Der*die Erwerber*in des Werks ist berechtigt, das Werk als Ganzes oder in seinen Teilen für den eigenen Gebrauch und den Einsatz im Unterricht zu nutzen. Die Nutzung ist nur für den genannten Zweck gestattet, nicht jedoch für einen weiteren kommerziellen Gebrauch, für die Weiterleitung an Dritte oder für die Veröffentlichung im Internet oder in Intranets. Eine über den genannten Zweck hinausgehende Nutzung bedarf in jedem Fall der vorherigen schriftlichen Zustimmung des Verlags.
Sind Internetadressen in diesem Werk angegeben, wurden diese vom Verlag sorgfältig geprüft. Da wir auf die externen Seiten weder inhaltliche noch gestalterische Einflussmöglichkeiten haben, können wir nicht garantieren, dass die Inhalte zu einem späteren Zeitpunkt noch dieselben sind wie zum Zeitpunkt der Drucklegung. Der Auer Verlag übernimmt deshalb keine Gewähr für die Aktualität und den Inhalt dieser Internetseiten oder solcher, die mit ihnen verlinkt sind, und schließt jegliche Haftung aus.

Autor*innen: Dirk Schwarzenbolz
Covergestaltung: Kirstin Lenhart München
Umschlagfoto: iStock by Getty Images – carlacastagno
Illustrationen: Steffen Jähde
Bibelstellen: „Die Bibelstellen sind der Übersetzung Hoffnung für alle® entnommen, Copyright © 1983, 1996, 2002, 2015 by Biblica, Inc.®. Verwendet mit freundlicher Genehmigung des Herausgebers Fontis."
Satz: Fotosatz H. Buck, Kumhausen
Druck und Bindung: Korrekt Nyomdaipari Kft.
ISBN 978-3-403-**08597**-3

www.auer-verlag.de

Inhaltsverzeichnis

Vorwort 4

Klasse 7

Mein Bauchnabel – Mensch 7
Freunde oder Fremde? – Gebet 10
Jesu Barhocker – Gebet 13
Gott ist cool – Gott 17
Ein beeindruckender Mensch – Jesus Christus 21

Klasse 8

Richtig oder falsch? – Welt / Weltverantwortung 25
Die beste Lehrerin, der beste Lehrer – Jesus Christus 29
Die Jünger von Jesus: Loser oder Winner? – Jesus Christus .. 33
Gottesdienst: Gottes Dienst an uns – Kirche 41
Zeitverschwendung? – Mensch 44

Klasse 9

„Ich hab' doch nur gesagt…!" – Mensch 48
Fünf Sinne – Gott 52
Großes Kino – Bibel 55
Echte Helden – Bibel 59
Kirchenfenster – Kirche 62

Klasse 10

Gut investiert! – Welt / Weltverantwortung 65
Dumm oder schlau? – Gott 69
Den Tatsachen ins Auge blicken … – Jesus Christus 72
Immer weiter? – Mensch 76
Krisenmanagement – Mensch 79

Vorwort

Vorwort des Autors

Liebe Kolleg*innen!

Gespannte Stille im Klassenzimmer: Wie gebannt hängen die Blicke der Schüler*innen an den Lippen der Lehrkraft. Ganz offensichtlich sind sie vom Unterrichtsgegenstand nicht nur fasziniert, sondern auch emotional berührt – und selbst die Lehrkraft muss sich ab und zu eine kleine Träne der Rührung verkneifen.

So oder so ähnlich könnte sie doch aussehen, eine Phase im Religionsunterricht, die Schüler*innen wirklich bereichert und engagierte Lehrkräfte nicht nur zufriedenstellt, sondern vielleicht sogar regelrecht beflügelt. Mit wichtigen und interessanten Themen, die sich am Lehrplan orientieren, bieten die vorliegenden Geschichten wertvolle Vorlagen für genau solche Stunden – Vorlagen, die sich ohne weitere Vorbereitung oder Vorkenntnisse umsetzen lassen.

Hier finden Sie einfühlsame – aber keineswegs kitschig wirkende – Geschichten und Texte, die Schüler*innen wirklich nahegehen. Zudem werden zwischendurch originelle Szenarien entworfen, die sich entweder zum Vorlesen eignen, sehr gerne aber auch im Unterricht nachgemacht werden können. Ergänzt werden die Geschichten durch wertvolle Impulse zum Nach- und Weiterdenken, interessante Aufgabenstellungen sowie weitere Tipps.

Besonders geeignet sind sämtliche Geschichten für den Beginn der Unterrichtsstunde, da sie die Schüler*innen in ihren Bann ziehen werden. Genauso sind die Inhalte aber auch einsetzbar nach einer Arbeitsphase, um die Aufmerksamkeit wieder zu bündeln oder auch am Ende eines übergreifenden Themas zur Abrundung. Geschichten, Texte, Impulse, Aufgaben und Filmtipps können nach Belieben eingesetzt, weggelassen oder neu kombiniert werden und lassen sich problemlos auch in einer Folgestunde wieder aufgreifen. Erfahrungsgemäß werden die Schüler*innen durch die vielen Impulse zur Diskussion angeregt, sodass eine Geschichte problemlos auch eine ganze Stunde füllen kann.
Da keinerlei Vorkenntnisse erforderlich sind, bietet sich das Material insbesondere auch für den Einsatz in Vertretungsstunden an. Auch im Online-Unterricht habe ich sehr gute Erfahrungen damit gemacht.
Machen Sie doch einfach den Test, indem Sie eine beliebige Geschichte herausgreifen und mit Ihren Schüler*innen behandeln – Sie werden nicht enttäuscht sein.

Nach Abschluss einer längeren Einzelarbeitsphase, in welcher die Schüler*innen sich ganz individuell mit verschiedenen Themen des Religionsunterrichts befassen sollten, habe ich ein paar Schüler*innen einige Geschichten zur Verfügung gestellt, als eine Art Impuls zum Weiterdenken. Unter anderem habe ich diese Rückmeldung erhalten:

„Und dieser Teil ist soooooo unglaublich schön geschrieben. Er passt genau zu mir ... alles geht schief und ich fange an, nachts an mir zu zweifeln ... aber dieser Text hat mich so berührt, dass ich jetzt einfach mal zu Gott rede ..."
(Anna, 15 Jahre).

Vielleicht machen Sie ähnliche Erfahrungen mit Ihren Schüler*innen – ich wünsche es Ihnen von Herzen.

Gutes Gelingen – und Gottes Segen!

Dirk Schwarzenbolz

Vorwort von Valentina Ilic

Einst war da ein kleines schüchternes Mädchen, das vom Gymnasium auf die Realschule gewechselt ist und total eingeschüchtert in eine ihr fremde Klasse musste.

Zwei Lehrer, die dem Mädchen Tag für Tag, Woche für Woche mehr Vertrauen in sich selbst und ihr Können schenkten. Der eine vorne an der Tafel und der andere weit weg und doch ständig an ihrer Seite.

Dirk Schwarzenbolz hat seine Bestimmung im Lehren gefunden. Denn ebenso wie er im Unterricht seine Schüler*innen begeistert, bringt er seinen Leser*innen in diesem Buch den Glauben an Gott – den zweiten Lehrer des kleinen Mädchens – näher.

Er zeigt, dass dieser Glaube überhaupt nicht so abwegig ist, wie manch einer vielleicht behauptet, und auch mir, dem kleinen Mädchen von einst, hätte dieses Buch geholfen, noch viel früher auf Gott zu vertrauen und durch ihn Kraft zu finden.

Valentina Ilic

Autor: Dirk Schwarzenbolz

Unter Mitarbeit von: Valentina Ilic

Theologische Beratung: Dr. Dr. Josef Önder

Didaktische Beratung: Kornelia Spieth

Mensch

Klasse 7

Mein Bauchnabel

„Papa, woher weiß ich denn, dass der liebe Gott mich überhaupt mag?", fragt der Fünfjährige seinen Vater, der ihn ins Bett bringt. Der Vater überlegt ganz kurz und erzählt seinem Sohn dann eine kleine Geschichte.
„Du weißt doch, wer alle Menschen gemacht hat, oder?"
Eifrig nickt der Sohn. Seine Augen schauen auf einmal gar nicht mehr müde, sondern blitzen hellwach: „Klaro", sagt er, „das weiß doch jeder: Gott hat uns gemacht."
„Genau", fährt der Vater fort. „Und du kannst dir bestimmt vorstellen, dass es ganz schön kompliziert ist, all die Menschen zu machen. Gott hat bestimmt viele Mitarbeiter, die ihm helfen, alle Menschen ganz genau so zu machen, wie er sich jeden einzelnen vorgestellt hat."
„Wahrscheinlich sind das die Engel", meint der Junge und sein Vater nickt. „Ganz am Ende, bevor die fertigen Menschen ausgeliefert werden, sitzt Gott selbst. Er macht die Endkontrolle und sieht jeden Menschen noch einmal ganz genau an."
„Wie bei Onkel Werner in der Fabrik?"
„Genau, wie bei Onkel Werner. Nur dass Gott eine viel wichtigere Aufgabe hat, weil es ja um Menschen geht." Sein Sohn nickt und gähnt jetzt doch.
„Gott sieht sich also jeden einzelnen Menschen noch einmal ganz genau an, bevor er auf die Welt kommt", fährt der Vater fort. „Und nur den Menschen, die ihm ganz besonders gut gefallen, stupst er mit dem Zeigefinger ganz leicht gegen den Bauch. Die Menschen sind ja noch ganz frisch und auch noch ein bisschen weich. Deshalb sieht man diesen Fingerabdruck von Gott sein ganzes Leben lang."
„Das ist ja unser Bauchnabel", meint der Junge schläfrig, während ihm schon die Augen zufallen. Aber ganz heimlich schiebt er noch seine Hand unter die Bettdecke. Als er seinen eigenen Bauchnabel spürt, legt sich ein leises Lächeln auf sein Gesicht, während er beruhigt einschläft.

(nach der Geschichte „Bauchnabel", Rechte bei Sabine Drecoll, veröffentlicht am 02.07.2014 auf SWR1 in „Morgenandachten")

Auf den ersten Blick ist dies natürlich eine Geschichte für die ganz Kleinen! Wer glaubt denn noch daran, dass die Menschen im Himmel gemacht werden. Schon Kindergartenkindern erzählt man schließlich, dass ihre kleinen Geschwister im Bauch der Mama gewachsen sind. Außerdem weiß ab einem bestimmten Alter jedes Kind, dass alle Menschen einen Bauchnabel haben. Es ist also gar nichts Besonderes daran.

Man weiß sogar, woher der Bauchnabel kommt, nämlich dass dort die Nabelschnur angewachsen war.
Was also hat diese Geschichte mit uns zu tun?
Was hat diese Geschichte mir zu sagen?
Vielleicht hilft es, doch noch einmal ein bisschen genauer hinzusehen.
Was ist denn der Sinn dieser Geschichte?
Was soll ausgedrückt werden?

Unser Bauchnabel ist – laut dieser Geschichte – das offensichtliche Zeichen dafür, dass ich Gottes Endkontrolle mit Auszeichnung bestanden habe. Er war mit mir hochzufrieden, noch bevor ich „ausgeliefert" wurde.
Das ist doch schön!
Darüber darf und soll ich mich freuen!

Diese Freude braucht auch in keiner Weise dadurch getrübt werden, dass auch die anderen Menschen Gottes Endkontrolle so toll bestanden haben. Wir alle sind so gemacht und gewollt, wie wir sind. Auch mit unseren Fehlern und den Dingen, die wir selbst an uns vielleicht nicht mögen.

Gott hat auch dich wunderbar gemacht. Vielleicht nicht in einer Fabrik im Himmel, sondern im Bauch deiner Mutter. Aber er steckt trotzdem dahinter!
Und er findet dich toll!
Darüber darfst du dich freuen – jeden Tag!

 **Impulse:**

★ Was gefällt dir besonders gut an dir? Mit welchen deiner Eigenschaften bist du zufrieden?

★ Was gefällt dir nicht so gut an dir selbst? Welche Eigenschaften an dir würdest du gerne ändern?

★ Ist Gott wohl zufrieden mit dir? Was glaubst du? Wenn du dir nicht ganz sicher bist, dann fühl doch einfach mal, ob du einen Bauchnabel hast. 😊

★ Fällt dir eine Erklärung ein, warum Gott dich wohl ganz genau so gemacht hat, wie du bist?

 Aufgaben:

★ Lies dir doch mal in der Bibel die Schöpfungsgeschichte durch (1. Mose 1,1–2,3). Wie oft wird erwähnt, dass Gott all seine Schöpfungen für gut befunden hat? Erstelle eine Strichliste.

★ Was gefällt dir besonders gut an dir selbst? Formuliere ein Gebet, in dem du Gott dafür dankst. Dieses Gebet musst du niemandem zeigen.

 Klasse 7

Freunde oder Fremde?

Freunde und Freundinnen sind ein Geschenk. Ein ganz besonderes sogar, weil man sich weder Freunde noch Freundinnen kaufen kann.
Ist es nicht toll, wenn ich Freunde habe, die mich verstehen und die zu mir halten? Freundinnen, die mir helfen, denen ich vertrauen kann und bei denen auch meine Geheimnisse gut aufgehoben sind?

Echte Freundschaft schließt man nicht nach fünf Minuten. Freundschaft braucht Zeit. Vertrauen muss sich entwickeln. Mit jeder guten, gemeinsamen Erfahrung wächst man mehr zusammen. Man lernt erst mit der Zeit, dass man sich aufeinander verlassen kann. Das Leben mit Freunden ist einfach besser – in guten Zeiten und auch in den weniger guten.
Gerade in schwierigen Situationen brauchen wir Freunde. Menschen, von denen wir wissen, dass wir ihnen vertrauen können, weil sie uns das schon oft gezeigt haben.

Vielleicht hört es sich komisch an. Aber auch mit Gott kann man befreundet sein. Ja, du hast richtig gehört. Gott will dein Freund sein! Er bietet dir seine Freundschaft an. Du kannst sie annehmen, aber natürlich auch ablehnen. Schließlich kann man niemanden zu einer Freundschaft zwingen. Aber du kannst Gott nicht daran hindern, dich toll zu finden.
Egal, was du machst, wie du aussiehst oder welche Videos du auf deinem Handy hast. Du kannst Gott nicht daran hindern, dich über alles zu lieben. Hast du einen anderen Freund, von dem du das sagen kannst?

Wie jede andere Freundschaft braucht auch die Freundschaft zu Gott Zeit. Auch in der Beziehung mit Gott zählen gemeinsame Erfahrungen. Auch hier muss man zuerst lernen, dass man sich auf Gott verlassen kann.

Relativ einfach ist es vermutlich, Gott seine Geheimnisse zu erzählen. Er kann sie ja schlecht jemand anderem weitererzählen. Aber dass man sich auf Gott auch in anderen Situationen verlassen kann, muss man vielleicht zuerst testen. Dass Gott immer für einen da ist und dass man seine Nähe spüren kann, darauf muss man sich einlassen.

Vielleicht tun wir uns auch besonders schwer damit, weil wir uns Gott nicht so richtig vorstellen können. Wir wissen ja schließlich nicht, wie er aussieht. Auch deswegen hat er Jesus als Mensch auf die Erde geschickt. Er wollte uns näher sein, im wirklichen Leben, aber auch in unserer Vorstellung. Eine Freundschaft zu Jesus ist vielleicht einfacher vorstellbar, weil er tatsächlich als Mensch in dieser Welt gelebt hat. Um Erfahrungen mit ihm zu machen, muss man nicht unbedingt viele Worte verlieren. Wer ihn ernsthaft sucht, von dem lässt er sich finden. Das hat er versprochen.

Erfahrungen mit Gott verändern Menschen. Vielleicht lässt du dich einladen, Erfahrungen mit Gott zu machen. So wie der alte John:

Jeden Tag pünktlich um 12 Uhr mittags betrat der ältere, ärmlich wirkende Mann eine Kirche in Orlando, Florida. Er blieb dort immer vor dem Altar stehen, ging aber schon nach kurzer Zeit wieder hinaus. Dem Pastor war der Mann schon länger aufgefallen und eines Tages fragte er ihn, was er denn immer in der Kirche tue.
„Ich bete", antwortete der alte John freundlich.
„Aber Sie sind doch immer nur ganz kurz da", sagte der Pastor verwundert.
„Stimmt", meinte der alte John. „Aber wissen Sie, ein langes Gebet sprechen kann ich nicht. Ich trete nur kurz unters Kreuz und sage: Jesus, hier ist John. Dann warte ich eine Minute und er hört mich."

Nicht lange nach diesem Gespräch musste der alte John ins Krankenhaus. Wegen einer Beinverletzung konnte er sein Bett nicht verlassen. Aber ganz offensichtlich verbreitete er gute Stimmung auf der ganzen Station. Es wurde dort weniger geklagt und geschimpft, dafür immer öfter gelacht.
Die Oberschwester fragte den alten John eines Tages, woran es denn liege, dass er so einen guten Einfluss habe, obwohl er doch selbst das Bett nicht verlassen könne.
„Ach wissen Sie", meinte der alte John, „das liegt an meinem Besuch."
„Ihr Besuch?" Die Schwester war verwundert, weil noch niemand jemals einen Besucher beim alten John gesehen hatte. „Wann kommt er denn, Ihr Besuch?"
„Immer genau um 12 Uhr mittags", antwortete der alte John fröhlich. „Er kommt herein, stellt sich an mein Bett und sagt: John, hier ist Jesus!"

(nach einem Text aus: Zeitschrift „Neue Lage", Ausgabe 3/2001
© Evangelische Allianz in Deutschland)

 **Impulse:**

★ Wer ist dein bester Freund oder deine beste Freundin?
Warum ist diese Person dein bester Freund oder deine beste Freundin?

★ Welche Rolle spielt Zeit in deinen Freundschaften?

★ Wie geht eigentlich beten? Kann man dabei auch Fehler machen?

 Aufgaben:

★ Fertige eine Übersicht mit allen Dingen an, die dir in einer Freundschaft wichtig sind. Wichtige Dinge schreibst du größer, unwichtige kleiner.

★ Kann man Jesus überhaupt als einen „Freund" bezeichnen?
Schreibe dir Argumente dafür und dagegen auf.

Gebet

Klasse 7

Jesu Barhocker

Kopfschüttelnd erwiderte Lisa den Blick ihrer Freundin Zoe. Nein, sie hatte auch keine Ahnung, was ihr Lehrer vorhatte. Wie üblich hatten sie sich zu Beginn der Religionsstunde im Pausenhof zum Gebet versammelt.

Manche Schüler hatten richtig Lust darauf, anderen war es egal. So richtig dagegen war eigentlich niemand gewesen, als Herr Schwarzenbolz ihnen zu Beginn des Schuljahres sein Vorhaben erklärt hatte. Sie wären ja auch ganz schön blöd gewesen, immerhin ließ ihr Lehrer sich das jedes Mal zehn Minuten von seiner Unterrichtsstunde kosten, es musste ihm also wirklich wichtig sein. „Wir reden hier nicht nur über Religion", hatte er gemeint, „wir praktizieren sie auch. Deshalb beten wir!"

Seither versammelten sich seine Schüler zu Beginn fast jeder Religionsstunde auf dem Schulhof zum Gebet. Nicht selten kam es vor, dass sogar Schüler anderer Klassen, die gerade eine Freistunde hatten und im Aufenthaltsraum chillten, dazukamen und fragten, ob sie mitmachen dürften. Den Religionslehrer schien das zu freuen und er hatte noch nie jemanden abgewiesen.

Manchmal nahmen auch Lehrerkollegen auf dem Weg zum Altbau der Schule am Gebet teil, bevor sie in ihre Klassenzimmer eilten, oder die Schulsozialarbeiterin stellte sich dazu. Meistens sagte Herr Schwarzenbolz noch einige Worte zu einem aktuellen Anlass oder zum Thema des Gebets, das meistens ein Schüler vorlesen durfte – oder musste.

An das Startsignal hatten sie sich schon gewöhnt: „Und jetzt alle: Händchen falten, Äuglein schließen – und wir beginnen unser Gebet im Namen Gottes, des Vaters und des Sohnes und des Heiligen Geistes." So ging es jedes Mal los.

Heute hatte Herr Schwarzenbolz aber einen Gegenstand dabei, der nicht so richtig zum Thema Beten passen wollte. Lisa wunderte sich noch, warum ihr Lehrer einen sperrigen, alten Barhocker mit auf den Pausenhof geschleppt hatte, als er auch schon zu erklären begann: „Einen schönen guten Morgen wünsche ich euch! Ihr wundert euch vielleicht, was dieses schöne Möbelstück hier für eine Bedeutung haben soll."
Er legte die Hand auf die Sitzfläche des Barhockers und machte eine kurze Pause. Einige Schüler nickten leicht. „Beim Beten reden wir mit Gott. Oder mit Jesus", fuhr der Lehrer fort. „Damit wir uns besser vorstellen können, dass er jetzt wirklich hier ist, habe ich einen Sitzplatz für ihn mitgebracht. Das ist also etwas ganz Besonderes, nämlich der Barhocker von Jesus."

Einige Schüler grinsten, andere nickten.
„Aber der Barhocker steht direkt vor mir, das ist so nicht richtig. Jesus hat uns versprochen, dass er mitten unter uns ist, wenn ein paar Leute in seinem Namen versammelt sind. Also …", er nahm den Barhocker, trug ihn in die Mitte des Kreises und kehrte dann an seine Position zurück. „Jetzt ist Jesus uns allen gleich nah, mitten unter uns, so soll es sein."

Lisas Blick fiel auf den Barhocker, der wirklich ziemlich mitgenommen aussah. Was der wohl schon alles erlebt hatte?
Aber warum hatte ihr Lehrer ausgerechnet dieses alte Ding mitgenommen und zum symbolischen Sitzplatz von Jesus erklärt? Er hätte doch auch wenigstens einen normalen Stuhl nehmen können, vielleicht mit Polster und Lehne. Oder gleich einen Thron. Aber so ein alter Barhocker …

Als hätte der Lehrer ihre Gedanken erraten, fuhr er fort: „Vielleicht wundert ihr euch, warum ich für Jesus so einen alten Barhocker ausgewählt habe. Ein goldener Sessel wäre doch viel passender für den Sohn Gottes, oder nicht?" Wieder nickten einige Schüler.
„Allerdings …", Herr Schwarzenbolz trat wieder in die Mitte des Kreises. Während er weiterredete, drehte er sich langsam um sich selbst, damit er alle Schüler im Blick behalten konnte.
„ … wenn wir ins Neue Testament schauen, müssen wir unsere Meinung vielleicht doch ändern. Jesus hat sich fast immer um die Unbeliebten und Benachteiligten gekümmert. Meistens hatte er mit denen zu tun, die sonst vielleicht keine Freunde hatten, oder wenn, dann die falschen. Von den Außenseitern ließ er sich einladen und den Armen hat er geholfen. Was denkt ihr, wenn Jesus heute an unsere Schule kommen würde, wohin würde er zuerst gehen?"

Der Lehrer machte eine kurze Pause.
Es war mucksmäuschenstill auf dem Schulhof. Kein Schüler wollte aufgerufen werden, aber alle hörten gespannt zu, als Herr Schwarzenbolz erklärte: „Ich bin mir ziemlich sicher, dass Jesus nicht als Erstes ins Rektorat spazieren würde. Er würde sich auch vermutlich nicht hochoffiziell im Sekretariat anmelden. Ich denke, er würde vielleicht als Erstes bei den Putzkräften vorbeischauen oder den Hausmeister besuchen."

Stimmt eigentlich, dachte Lisa. In den meisten Geschichten, die sie von Jesus kannte, hatte er sich wirklich um die Menschen gekümmert, für die sich sonst oft niemand interessierte. „Vielleicht würde er aber auch zunächst in die schlimmste Klasse der Schule kommen", fuhr der Lehrer fort. Lächelnd setzte er hinzu. „Also vermutlich zu euch!"

Alle Schüler grinsten jetzt vor sich hin, manche stießen sich gegenseitig mit den Schultern an, während ihr Lehrer weiterredete: „Vielleicht passt also dieser alte Barhocker doch besser zu Jesus, als auf den ersten Blick vermutet. Und es passt dann ja auch ganz gut, wenn wir jetzt mit ihm reden. Also, Händchen falten, Äuglein schließen – und wir beginnen unser Gebet im Namen Gottes, des Vaters und des Sohnes und des Heiligen Geistes …"

 **Impulse:**

★ Warum hat sich Jesus wohl ausgerechnet an die benachteiligten Menschen gewendet?

★ Sieh dich in Gedanken mal in deiner Umgebung um. Gibt es vielleicht auch hier Menschen, die benachteiligt sind – solche, die Jesus vermutlich als Erstes besucht hätte? Könntest du nicht einem von ihnen eine kleine Freude machen? Vielleicht gleich heute … Wie wäre das?

 Aufgabe:

★ Was für ein Gebet hatte der Lehrer wohl in dieser Stunde dabei? Überlege dir ein passendes Gebet, das zur Einleitung mit dem Barhocker passt, und schreibe es auf.

 Klasse 7

Gott ist cool

Jetzt aber mal ehrlich:
Wer hat das neueste Handy oder die meisten Follower auf Instagram?
Wem gehören die teuersten Schuhe und wer hat den tollsten Oberkörper?
Wer sieht am besten aus und bei wessen Witzen wird am lautesten gelacht?
Wir alle wollen doch cool und anerkannt sein, möglichst den ganzen Tag lang und überall. Der Kampf um Coolness geht oft schon morgens los: Haare, Klamotten, Schminke, Schuhe, bloß nicht negativ auffallen, am liebsten noch einen Tick besser aussehen als die anderen.
Frühstücken ist nicht so wichtig, aber fürs Handy-Checken bleibt auf jeden Fall Zeit. Schließlich muss man einfach wissen, wer was gelikt oder gepostet hat, wer seinen Status geändert und ob jemand geschrieben hat.

In der Schule wollen wir doch auch gerne zu den wichtigen Leuten gehören, zu denen, die auf jede Party eingeladen werden und mit denen jeder gerne gesehen wird. Der absolute Horror wäre es, allein und ohne Freunde in der großen Pause dazustehen. Manchmal ist das schon der Fall, wenn nur die beste Freundin krank ist oder ein guter Kumpel.
Am liebsten würden wir uns dann auch verkriechen, oder nicht?

Es ist wirklich gar nicht so einfach, dazuzugehören zu den Coolen. Manchmal ist es ein echter Kampf: mit der Mutter ums Taschengeld für die neuen Sneakers, mit dem Vater um die Entschuldigung fürs Schwänzen der ersten Stunde.

Aber auch mit den Kumpels und Freundinnen, die ja auch alle cool sein wollen. Es ist wie ein Wettrennen, ein Tausend-Meter-Lauf, bei dem das Ziel immer ein kleines Stückchen nach hinten geschoben wird, sodass man nie ankommt.

Ganz tief in unserem Inneren wissen wir eigentlich sehr genau, dass echte Coolness nicht vom Aussehen abhängt. Weder die beste Figur noch die tollsten Haare sagen etwas über uns als Person aus. Auch das teuerste Outfit verrät meist mehr über den Geldbeutel der Eltern als über uns selbst.

Vielleicht kennen wir sogar solche Leute. Menschen, die wirklich cool sind und die daher nicht ständig an diesem Wettrennen teilnehmen müssen. Meistens sind es ganz angenehme Typen, und wenn wir ganz ehrlich sind, wären wir manchmal gerne wie sie. Wir würden sie vielleicht nicht gerne kopieren, aber ihre Selbstsicherheit und ihre Coolness, auf die sind wir schon ein bisschen neidisch.

Wie ist das dann eigentlich mit Gott?
Der ist doch angeblich auch ständig auf der Suche nach Followern. Versucht Gott auch cool zu sein, um anerkannt zu werden?
Die Macht dazu hätte er ja. Wenn man der Bibel glaubt, dann kann er ja wirklich alles. Es müsste doch eine Kleinigkeit für ihn sein, einmal ordentlich auf die Pauke zu hauen, um zu zeigen, wer hier wirklich das Sagen hat.
Oder ist Gott anders?

Vom Propheten Elia wird in der Bibel eine Geschichte erzählt, die sehr schön ist: Sie steht im Buch 1. Könige in Kapitel 19.

Elia soll Gott begegnen. Ganz allein, auf dem Gipfel eines Berges, dem Horeb. Elia hat bestimmt ein bisschen Angst. Zurecht: Es kommt nämlich zuerst ein richtiger Sturm, der ihn fast vom Berg hinunterweht, ein echter Orkan. Aber Gott ist nicht in dem Orkan! Als Nächstes beginnt der ganze Berg zu wackeln, es kracht und knirscht, ein Erdbeben. Aber Gott ist nicht im Erdbeben! Schließlich kommt noch ein großes Feuer, das Elia vermutlich fast den Atem genommen hat. Aber Gott ist auch nicht im Feuer!
Zum Schluss kommt ein ganz sanftes Säuseln, ein leichter, angenehmer Windhauch, kaum wahrnehmbar, aber doch da. Elia bedeckt sein Gesicht, denn er spürt genau: In diesem sanften Säuseln ist Gott. Und tatsächlich – Gott redet mit Elia und gibt ihm neuen Mut.

Gott zeigt sich hier nicht in den krassen, bedrohlich wirkenden Dingen. Vielmehr kommt er zu Elia in einem ganz leisen und sachten Säuseln. Er hat es offensichtlich gar nicht nötig, auf die Pauke zu hauen, um sich zu zeigen. Gott ist cool genug und kann darauf verzichten.
Oder wie verstehst du diese Geschichte?

Impulse:

★ Wo ordnest du dich selbst auf der Coolness-Skala ein, wenn 1 uncool ist und 10 sehr cool bedeutet?

★ Wo und wie kannst du Gott begegnen? Wie und wo begegnet er dir?

Aufgaben:

★ Vervollständige den Satz: Wirklich cool ist, wer …!
Tragt anschließend eure Sätze zusammen.

★ Erstelle eine Personenbeschreibung, in der eure Ergebnisse vorkommen. Welche Eigenschaften hat diese coole Person? Vielleicht hat diese Person ja Parallelen zu Jesus oder Gott. Welche?

★ Findest du die Bibelstelle 1. Könige 19? Lies die Geschichte selbst in der Bibel nach. Was hat Gott zu Elia gesagt?

★ Kennst du auch solche Menschen, die nicht mehr darum kämpfen müssen, cool zu sein? Vielleicht könntest du es ja einem von ihnen sagen – er oder sie würde sich bestimmt freuen.

★ Erstelle ein Bild oder eine Collage zum Thema „So stelle ich mir Gott vor".

Jesus Christus Klasse 7

Ein beeindruckender Mensch

Kennt ihr dieses hässliche Quietschen von Kreide auf der Tafel? Es gibt doch kaum ein schlimmeres Geräusch, oder? Nicht nur, dass es sich einfach furchtbar anhört. Manchmal erschreckt es mich wirklich. Es hat mich auch schon aufgeweckt, wenn ich mal eingedöst bin im Unterricht. Dieses Quietschen macht mir manchmal aber auch Angst. Angst, dass ich aufgerufen werde und an der Tafel vorrechnen muss, zum Beispiel. Alle lachen mich aus, ich stehe da, die Kreide in der Hand und möchte am liebsten im Boden versinken.

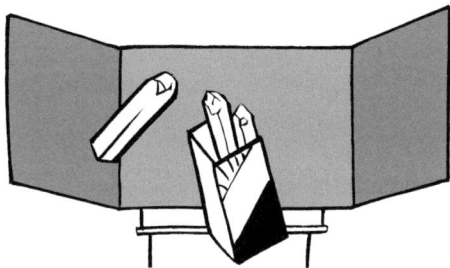

Neulich hab' ich genau davon geträumt, sag' ich euch. Einfach nur furchtbar. Ich stehe vor der ganzen Klasse wie ein panierter Pudel und verstehe nur Bahnhof. Alle starren mich an. Ein paar von den schlauen Mädchen grinsen, meine Kumpels haben Angst, als Nächstes aufgerufen zu werden. Ein Gefühl zum Davonlaufen, wirklich!

Gerade will Herr Streng – und der heißt nicht nur so, kann ich euch sagen – den Mund aufmachen, als es an der Tür klopft. Es ist so ein ganz bestimmtes Klopfen. Kein leises und zögerndes Klopfen von jemandem, der zu spät zum Unterricht kommt. Auch nicht das eher spitzige Klopfen der Sekretärin oder das kräftige, zornige Klopfen des Rektors, wenn jemand etwas angestellt hat. Es ist eher so ein ruhiges, aber bestimmtes Klopfen. Ein Klopfen, bei dem alle gespannt zur Tür sehen und bei welchem auch Herr Streng sich bemüht, ein einigermaßen freundliches „Herein" zu rufen.

Es klopft also und nach dem „Herein" geht die Tür auf. Ein Mann kommt herein, der einen faszinierenden Eindruck auf die ganze Klasse macht. Warum kann ich gar nicht genau sagen, aber nicht einmal Herr Streng schnauzt ihn an, was er als Fremder in seinem Mathematikunterricht zu suchen habe. Der Mann sieht sich freundlich um, dann sieht er mich an. Ich habe den Typen noch nie gesehen. Trotzdem habe ich das Gefühl, dass er mich ganz genau kennt. Keine Ahnung, warum.
Und dann?

Dann sagt der Fremde zu mir, dass ich mit ihm mitkommen soll. Einfach so. Aus dem Unterricht verschwinden, ohne Entschuldigung. Keine Ahnung, wohin. Schon verrückt, oder? Was glaubt der eigentlich, denke ich mir noch. Aber dann – dann laufe ich einfach auf ihn zu und gehe mit! Den Gesichtsausdruck von Herrn Streng kann ich mir gar nicht vorstellen, als ich einfach aus seinem Unterricht verschwinde und was meine Kumpels gedacht haben, weiß ich natürlich auch nicht. Aber ich bin jedenfalls mitgegangen!

Das Dumme ist nur, dass ich genau in dem Moment aufgewacht bin. Zu gerne hätte ich erfahren, was als Nächstes passiert wäre.
Leider hat genau in dem Augenblick mein Wecker geklingelt …

Eine seltsame Geschichte! Oder vielleicht auch ein netter Traum. Mit der Realität hat das aber nichts zu tun.
Wer bitteschön traut sich das?
Einfach aus dem Unterricht verschwinden! Mit einem fremden Typen! Da wird doch sofort die Polizei gerufen. So was geht doch nicht!
Stimmt natürlich. So etwas geht wirklich nicht!

Aber fast genau so etwas ist schon mal passiert, nämlich damals bei Jesus. Als der seine Jünger zu sich geholt hat, da war es nicht viel anders. Natürlich waren die Jünger erwachsene Männer und keine Schüler mehr. Aber auch sie haben Knall auf Fall alles aufgegeben und sind mit einem Fremden mitgegangen.

Sie haben Familien und Freunde zurückgelassen, ihren Beruf und fast ihren ganzen Besitz. Eigentlich haben sie praktisch ihr komplettes Leben über den Haufen geschmissen und sind mit Jesus weitergezogen. Wohin er sie führen würde, wussten sie nicht!

Er muss schon ein ganz besonderer Mensch gewesen sein, dieser Jesus aus Nazareth. Sonst hätte er nicht so einen Eindruck auf Menschen machen können.

Hätte Jesus keine Wunder vollbringen können, wären ihm doch die Menschen damals nicht gefolgt.
Hätte er nicht so gut und überzeugend reden können, wären seine Worte und Taten längst vergessen.
Hätte er nicht auf beeindruckende Weise Leute von sich überzeugen können, wäre er erst gar nicht bekannt geworden. Und falls doch, wäre er mittlerweile längst im Dunkel der Geschichte verschwunden.

Aber eben weil das so ist, weil Jesus so bekannt geworden ist, müssen die Geschichten von ihm zumindest teilweise stimmen. Und er muss eine wirklich beeindruckende Persönlichkeit gewesen sein, vielleicht so ähnlich wie der unbekannte Besucher im Klassenzimmer. Eine andere, eine bessere Erklärung für den beispiellosen Erfolg von Jesus Christus gibt es nicht. Oder fällt euch eine ein?

Impuls:

★ Wie müsste die Person sein, die bei dir im Unterricht auftaucht und mit der du dann wirklich mitgehen würdest?

Aufgaben:

★ Lies dir im Markusevangelium Kapitel 1 die Verse 16–20 durch. Versuche dann, eine Parallelgeschichte mit gleichem Inhalt zu schreiben. Die Geschichte soll heute spielen und du darfst sie gerne etwas ausschmücken.

★ Diskutiert in eurer Klasse die Fragen:
War es gut, dass die Jünger Jesus gefolgt sind?
Gibt es heute auch noch so etwas wie die Jünger von Jesus? Falls ja, müssen sie auch etwas zurücklassen? Bekommen sie auch etwas?

Welt / Weltverantwortung

Klasse 8

Richtig oder falsch?

Gnadenlos lag es da vor mir, mein Zeugnis. Ich war am Boden zerstört: Nicht versetzt! Kann es überhaupt etwas Schlimmeres geben. Die ganze Welt wird mich auslachen. Und was werden meine Eltern sagen?
Zuhause habe ich kein Wort gesagt.
Und es hat mich auch niemand gefragt, Gott sei Dank. Unterschrieben habe ich es selbst, das hässliche Stück Papier. Sie sah auch gar nicht so schlecht aus, meine Unterschrift. Nur hatte ich leider einen grünen Stift erwischt. Ändern konnte ich es jetzt leider nicht mehr und die ganze Sache ist auch schon am nächsten Morgen aufgeflogen. Ich musste zum Rektor und der hat mich erstmal angeschrien. Urkundenfälschung wäre das, und er würde sofort meine Eltern benachrichtigen.

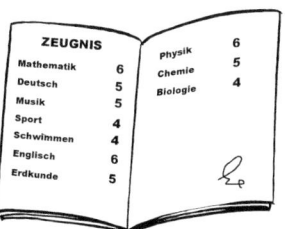

Die kamen dann auch tatsächlich wenig später in die Schule, mein Vater und meine Mutter. Der Rektor legte das Zeugnis vor sie hin. Urkundenfälschung, sagte er nur und lächelte gemein. Ich merkte, wie meine Eltern sich über meinen Kopf hinweg ansahen, dann antwortete mein Vater: „Ich weiß, es sieht ein bisschen kindlich aus, aber das ist wirklich meine Unterschrift, Herr Rektor. Von Urkundenfälschung also keine Spur!" Meine Mutter legte dann ihren Arm um meine Schulter und gemeinsam verließen wir das Rektorat.

Die Frage nach richtig oder falsch bewegt Menschen immer wieder.
Was ist gut und was ist böse?
Lässt sich das überhaupt so allgemein sagen?

Gehen wir doch kurz von der Zeugnis-Geschichte aus: Haben sich die Eltern richtig verhalten?
Darf ein Vater für seinen Sohn lügen?
Oder macht er damit alles nur noch schlimmer?
Schwierig, oder?

Was würde denn wohl Gott dazu sagen?
Der müsste es doch schließlich wissen. Aber woher sollen wir denn so genau wissen, was Gott will?
Schließlich redet er nicht mit uns. Zumindest nicht so, dass er uns immer klare Anweisungen gibt, was wir im Einzelfall tun sollen.
Oder?

Natürlich haben wir die Bibel. Die enthält ja bekanntlich Gottes Wort. Aber die Bibel ist nicht nur ziemlich dick, sondern oft auch schwer zu verstehen. Klar gibt es schöne, wertvolle und lehrreiche Texte darin. Aber wenn man sich nicht so gut auskennt, findet man die jeweils passenden nicht so schnell. Außerdem sind dort oft tolle Erfahrungen überliefert, aus denen wir viel lernen können. Aber was genau wir in einer bestimmten Situation tun sollen, wird trotzdem nicht klar. Wer hat denn schon Lust oder Zeit, hunderte von Seiten zu lesen?
Geht das denn nicht einfacher?

Doch!
Man könnte zum Beispiel nachsehen, was in den Zehn Geboten steht. Gottes Spielregeln für ein gutes Miteinander sind zeitlos und viele sind sogar in unseren Gesetzen enthalten.
Gehen wir von unserer Geschichte mit dem Zeugnis aus, können wir zum Beispiel eine Stelle aus dem Epheserbrief anführen. Dort steht es schwarz auf weiß:
Belügt einander also nicht länger, sondern sagt die Wahrheit. […] (Epheser 4,25, Hoffnung für alle). Somit ist der Fall doch klar: Der Vater hat gelogen. Er hat eindeutig die Unwahrheit gesagt und damit gegen die Gebote der Bibel verstoßen.

Täuscht uns dann in diesem Fall unser Gewissen?
Unser Gewissen, das doch ziemlich eindeutig dem Vater recht gegeben hat?
Er hat seinen Sohn immerhin vor dem fiesen Rektor gerettet. Der Sohn wird ihm mit Sicherheit dankbar sein.
Kann das in Gottes Augen wirklich falsch sein?

Jesus wurde einmal gefragt, welches denn das wichtigste Gebot sei. Seine Antwort ist genial. Genial einfach. So einfach, dass sie sich nun wirklich jeder merken kann: Seine Antwort ist das sogenannte Doppelgebot der Liebe. Es sagt aus, dass wir Gott und unseren Nächsten wie uns selbst lieben sollen.
Einfach formuliert, kinderleicht zu verstehen – und doch manchmal so schwer, in die Tat umzusetzen: Wer seinen Nächsten liebt, der tötet ihn nicht, der klaut ihm auch nichts, der redet nicht schlecht über ihn und er ist auch nicht neidisch auf ihn. Wer seinen Nächsten liebt, möchte nur das Beste für ihn. Und für sich.
Genau das ist Gottes Absicht.
Deswegen hat er uns die Gebote gegeben.

Manchmal kann die Nächstenliebe sogar dazu führen, dass man ein anderes Gebot verletzen muss. Der Vater sagt die Unwahrheit, um seinem Sohn die Demütigung vor dem Rektor zu ersparen. Er hat richtig gehandelt, wohl auch in den Augen von Gott.

Wir Christen sollten vielleicht weniger darüber nachdenken, welche Teile der Bibel wir noch nicht verstanden haben. Besser wäre es wohl, das umzusetzen, was wir schon verstehen. Die Welt würde sich dann bestimmt ein Stück weit zum Besseren hin verändern – und wir uns mit Sicherheit auch.

 **Impulse:**

★ Woran erkennt man deiner Meinung nach eine gute Handlung? Woran eine böse?

★ Darf man in bestimmten Fällen lügen? Wenn ja, in welchen?

 **Aufgaben:**

★ Übersetze die Zehn Gebote, sodass sie zu unserem heutigen Leben passen.

★ Findest du eine kürzere Zusammenfassung der Zehn Gebote, in der alle Gebote sinngemäß enthalten sind?
Tipp: Wenn dir nichts einfällt, kannst du in der Bibel, im Markusevangelium Kapitel 12, 29–31 nachlesen, wie Jesus die Gebote zusammengefasst hat.

Filmtipp:

★ Was ist richtig? Darf ein Christ einen anderen Menschen töten? Oder anderen dabei helfen? Diese Fragen stellt sich Dietrich Bonhoeffer im Film „Die letzte Stufe". Seine Antwort muss er teuer bezahlen.

Till Eric (2000): *Bonhoeffer – Die letzte Stufe* [DVD], Kanada, Deutschland, Vereinigte Staaten: Neue Filmproduktion teleart GmbH, Norflicks Productions Ltd, Ostdeutscher Rundfunk Brandenburg.

Jesus Christus
Klasse 8

Die beste Lehrerin, der beste Lehrer

> Bock auf Schule hatte ich früher eher selten. Klar gab es auch schöne Erfahrungen und nette Stunden. Außerdem war es nett, jeden Morgen die Kumpels zu sehen und mit den Mädels zu quatschen. Aber dass ich immer gerne zum Unterricht gegangen wäre, kann ich nicht behaupten. Lernen ist nun einmal keine besonders spaßige Beschäftigung. Und dann noch die Lehrer! Von denen hängt immerhin zum Teil ab, ob man gerne in ihren Unterricht kommt oder nicht. Ich hatte in dieser Hinsicht wohl eher weniger Glück.
> Aber woran erkennt man überhaupt eine gute Lehrerin?
> Wie muss ein guter Lehrer sein?
> Und wer ist dann der beste Lehrer, die beste Lehrerin?

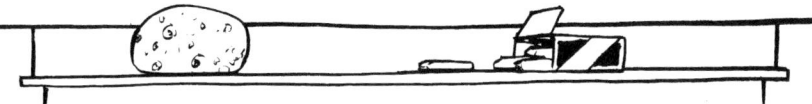

Verschiedene Antworten drängen sich auf – es kann ja auch jeder mitreden. Schließlich sind wir alle mehr oder weniger lang in stickigen Klassenzimmern gehockt und haben dabei auch unter verschiedenen Pädagoginnen und Pädagogen gestöhnt und gelitten, gelacht und hoffentlich auch gelernt.

Verständnis für ihre Schülerinnen und Schüler müssen sie wohl in jedem Fall haben, der beste Lehrer und die beste Lehrerin – auch Geduld und Humor brauchen sie unbedingt. Sie sollten nicht zu streng sein, aber auch nicht zu lasch. Eine gute Ausstrahlung würde nicht schaden, auch gutes Aussehen wäre von Vorteil.

Ach ja, und beibringen sollten sie ihren Schülern natürlich auch möglichst viel. Sie sollten Interesse für den Lernstoff wecken, die Schüler zum Lernen motivieren, verschiedene Methoden anwenden und immer am Puls der Zeit bleiben. Irgendwie sollten sie es auch schaffen, den Unterrichtsinhalt mit dem Leben der Schüler zu verbinden. Und …

Eine lange Liste. Aber woran genau erkennt man sie denn nun, die beste Lehrerin oder den besten Lehrer aller Zeiten?

Die Hauptaufgabe einer Lehrkraft ist es doch, ihren Schülern wichtige Dinge beizubringen. Die beste Lehrerin müsste sich also doch daran messen lassen, wie viel sie möglichst vielen ihrer Schüler und Schülerinnen beigebracht hat. Der beste Lehrer natürlich genauso. Dass es dazu verschiedenste Methoden, Geduld, Verständnis, Strenge und was nicht noch alles braucht, leuchtet wohl jedem ein. Als beste Lehrkraft aber kann wohl eindeutig diejenige bezeichnet werden, die es geschafft hat, möglichst vielen Menschen möglichst viel beizubringen – möglichst viel Positives und Sinnvolles, natürlich.

Und was wäre, wenn es jemanden gegeben hätte, der genau das geschafft hat?
Eine Lehrkraft, zu der ihre Schülerinnen und Schüler freiwillig in den Unterricht gekommen wären?
Eine, die auf jede Frage die passende Antwort gefunden hätte – und für jeden komplizierten Sachverhalt eine einfache Erklärung?
Einen Pädagogen, der seinen schlauen und auch den weniger begabten Schülerinnen und Schülern gleichermaßen gerecht geworden wäre und der auch Außenseiter und Unwillige mit ins Boot geholt hätte?
Eine Lehrerin, für die jeder Schüler und jede Schülerin gleich viel wert gewesen wäre, unabhängig von Herkunft, Religion und Familie?

Einen, der Verständnis für jede mögliche Lebenssituation gehabt hätte und trotzdem kein sprichwörtlicher Warmduscher gewesen wäre?
Eine, die Fairness, Verständnis und Nächstenliebe nicht nur gelehrt, sondern buchstäblich gelebt hätte?
Einer, der auch mit Kritikern und Gegnern stets fair umgegangen wäre und sie mit ihren eigenen Waffen geschlagen hätte?
Eine, die zum Wohle ihrer Schüler auch vor persönlichen Unannehmlichkeiten und sogar Schmerzen nicht zurückgeschreckt wäre?
Einen, dessen geniale Methoden nicht nur in einer bestimmten Sprache, in einem Land oder in einem Kulturkreis wirken, sondern praktisch überall?
Eine, deren Erzählungen, Erklärungen und deren beispielhaftes Leben selbst 2000 Jahre nach ihrem Tod noch zahlreiche Menschen beeindrucken und sie ihr Leben verändern lassen?

Auf die Frage nach der besten Lehrerin oder dem besten Lehrer gibt es eine eindeutige Antwort: Der beste Lehrer aller Zeiten ist Jesus.
Man kann an diesen Jesus als den Sohn Gottes glauben oder ihn ablehnen. Man kann anführen, dass zahlreiche, fähige Mitarbeiter durch alle Jahrhunderte hindurch an der Verbreitung seiner Botschaft mitgewirkt haben.

An der beispiellosen Erfolgsgeschichte des Christentums, welches es ohne Jesus gar nicht gäbe, ändert das nichts! Und auch nicht daran, dass der beste Lehrer aller Zeiten eben dieser Jesus war – und es auch heute noch ist! Als einziger Mensch hat er alle oben genannten Punkte erfüllt – und noch viele mehr. Niemand hat bessere Regeln für unser Zusammenleben entworfen. Keiner hat jemals besser gelebt. Keine andere Person hat mehr Menschen mit ihrer Botschaft erreicht. Einen besseren Lehrer als Jesus gibt es nicht!
Kaum jemand bezweifelt übrigens, dass dieser Jesus wirklich ein guter Mensch war. Es liegt an uns, seine genialen Rezepte auch in unserem Leben wirksam werden zu lassen.

 **Impulse:**

★ Was sind deiner Meinung nach die fünf wichtigsten Fähigkeiten, die du in deinem Leben gelernt hast?

★ Wer hat dir diese fünf wichtigen Fähigkeiten beigebracht?

★ Was unterscheidet Eltern eigentlich von Lehrern?

 Aufgaben:

★ Erstelle doch mal einen Steckbrief des perfekten Lehrers. Vergleiche diesen dann mit Jesus.

★ Welche „Dinge" hat Jesus den Menschen beigebracht oder vermittelt? Denke dabei besonders an die Gleichnisse, zum Beispiel „Der barmherzige Samariter" (Lukas 10, 25–37).

Jesus Christus

Klasse 8

Die Jünger von Jesus: Loser oder Winner?

„Waren die damals eigentlich vollkommen bescheuert, oder was?"
Ups!
Hab ich das gerade eben wirklich laut gesagt?
Das war wohl nicht sehr schlau!
Für quälend lange Sekunden herrscht Totenstille im Klassenzimmer.
Anscheinend traut sich keiner mehr, etwas zu sagen.
Bestimmt bekomme ich jetzt gleich eine Strafarbeit aufgebrummt.
Lieber nicht zur Lehrerin schauen.
Frau Börner wird sich schon melden, wenn sie was will.
Warum sagt denn keiner was? Hilfesuchend schaue ich aus den Augenwinkeln zu Sebastian. Aber der zuckt nur mit den Schultern.
Das soll wohl heißen: Selbst schuld!
Aber eigentlich hab' ich doch recht oder etwa nicht!
Die müssen doch wirklich bescheuert gewesen sein, diese Jünger von Jesus. Wie doof kann man denn sein? Einfach mit diesem Typen mitgehen. Alles zurücklassen, was einem etwas bedeutet. Das macht doch keiner, der ganz klar im Kopf ist.
Oder?

Eigentlich hatte die Reli-Stunde ganz chillig angefangen. Geschichten-Erzählen war eine Spezialität der Lehrerin und normalerweise hörten alle ganz aufmerksam zu. Das war auch heute so. Man kam sich immer so vor, als wäre man wirklich live dabei, so gut konnte sie erzählen.
Aber als sie dann davon erzählt hat, wie die ersten Jünger von Jesus einfach alles zurückgelassen haben und mit Jesus weitergezogen sind, da ist mir eben einfach der Kragen geplatzt.

Die müssen doch wirklich bescheuert gewesen sein!
Darf man jetzt etwa nicht mehr im Religionsunterricht offen seine Meinung sagen? Eine Seite Strafarbeit wird es bestimmt geben. Störung des Unterrichts, oder so ähnlich, wird vermutlich die Begründung sein. Oder Missachtung unserer Gesprächsregeln.

„Ja, Selina?"
Die Stimme von Frau Börner klingt ganz normal, als sie das hübscheste Mädchen der Parallelklasse aufruft. War ja klar, dass die sich wieder gemeldet hat. Die ist eben nicht nur hübsch, sondern hat auch was im Köpfchen.
„Ich kann auch nicht verstehen, warum die Männer damals mitgegangen sind!"
Oha, die ist ja auf meiner Seite. „Ich wäre mit Sicherheit bei meinem Fischerboot und den Netzen geblieben, anstatt mit einem total fremden Typen einfach so mitzugehen", setzt sie ihren Satz fort. „Aus meiner Sicht müssen die wirklich ein bisschen bescheuert gewesen sein!"
Na also, denke ich mir. Endlich sagt mal jemand klar seine Meinung.

Die Schritte der Lehrerin nähern sich meinem Platz. Ich habe immer noch keine Lust, in ihre Richtung zu sehen, und halte meinen Blick gesenkt.
„Aha", sagt sie jetzt. „Interessant. Wer ist denn noch alles der Ansicht, dass die Jünger damals ziemlich unvernünftig waren, einfach so mit diesem Jesus mitzugehen?"
Na immerhin, denke ich. Wenigstens fragt sie jetzt mal alle. Vielleicht trauen sich ja noch ein paar andere, ihre ehrliche Meinung zu sagen.
Ich melde mich. Heimlich schiele ich dabei nach links und rechts. Ein unmerkliches Zögern geht durch die Klasse. Aber langsam hebt ein Schüler nach dem anderen die Hand. Ich war zusammen mit Selina der erste. Ganz kurz haben sich unsere Blicke gekreuzt und ich glaube sogar, sie hat mir zugezwinkert. Ganz sicher bin ich mir aber nicht.
Mit Blick in meine Richtung sagt die Lehrerin: „Anscheinend hat Felix nur ausgesprochen, was alle denken!" Mein vorsichtiger Blick in die Runde zeigt leichtes Nicken fast aller. Ich bin ziemlich erleichtert. Vielleicht komme ich doch ohne Strafarbeit davon.
„Felix! Komm doch mal bitte zur Tafel!"
Die Stimme der Lehrerin lässt keinen Widerspruch zu und noch ehe ich es richtig kapiere, stehe ich schon vor der ganzen Klasse. Wie immer in solchen Fällen habe ich das gleiche Problem: Wohin mit meinen Händen?

Zum Glück bekomme ich von Frau Börner ein Stück Kreide in die Hand gedrückt. „Dann wollen wir mal sehen, was euch alles einfällt", erklärt sie der Klasse in freundlichstem Plauderton. „Was mussten sie denn alles zurücklassen, die Männer, die Jesus zu seinen Jüngern gemacht hat? Felix, du schreibst an der linken Tafelseite bitte mit!"

Anfangs zögern die Schüler und Schülerinnen noch, aber dann kommen immer mehr Antworten zusammen. Sogar Sebastian meldet sich und wird prompt aufgerufen.
Familie und Beruf, schreibe ich an. Haus und Fischerboot, Frau und Kinder, Freunde und Bekannte. Die Heimat, vielleicht Hobbys, ihre gewohnte Umgebung.
„Eigentlich alles", meint Selina. „Ganz schön blöd! Ich bleibe dabei!" Trotzig verschränkt sie ihre Arme vor der Brust und lehnt sich zurück. Ich könnte sie wirklich umarmen. Heute noch mehr als sonst.

„Finden wir vielleicht einen oder mehrere Begriffe, die alle genannten Dinge zusammenfassen?", fragt Frau Börner.
„Ihr Leben", schlägt Sebastian vor, aber die Lehrerin schüttelt den Kopf. „Ihr Leben mussten sie nicht aufgeben, zumindest nicht, als sie Jesus gefolgt sind. Der hat sie ja nicht umgebracht!"
Alle Schüler und Schülerinnen hören aufmerksam zu. Worauf will die Lehrerin denn hinaus?
Aus der letzten Reihe kommt ungefragt ein Beitrag: „Wohlstand?"
„Hm …", meint Frau Börner. „Hatten sie überhaupt viel Wohlstand, diese armen Fischer?"

Kopfschütteln.
Alle überlegen weiter.
„Sicherheit", schlägt Sonja vor.
„Sehr gut", meint Frau Börner. „Das passt doch genau. Schreib das doch mal als Überschrift, Felix!"

Ich schreibe den Begriff in Großbuchstaben über meine Tafelseite, als Frau Börner sagt: „Jetzt wollen wir aber doch mal sehen, ob die Jünger nicht auch etwas dafür bekommen haben?"
Sie geht durch den Mittelgang des Klassenzimmers nach hinten. Dabei erklärt sie: „Entweder wir finden zusammen etwas, was die Jünger für ihre Entscheidung bekommen haben ..." *sie macht eine kurze Pause* „... oder Selina und Felix hatten recht und sie waren wirklich ziemlich bescheuert!" *Sie lehnt sich an die Wand hinten im Klassenzimmer.* „Also, ich warte!"

Im Klassenzimmer herrscht Stille. Man kann richtig spüren, wie alle überlegen.
Sebastian hebt schließlich zögernd die Hand.
„Neue Freunde vielleicht", *sagt er, nachdem ihm Frau Börner zögernd zugenickt hat.*
„Wie kommst du darauf?"
„Na, sie waren ja nicht allein. Jesus und die zwölf Jünger waren ja von da an fast immer zusammen!"
„Sehr gut, Sebastian", *meint die Lehrerin lobend.* „Sehr wahrscheinlich waren auch noch andere Leute mit Jesus unterwegs. Neue Freunde können wir auf jeden Fall aufschreiben, Felix!"
Während ich auf die rechte Tafelseite „Freundschaft" schreibe, höre ich die Stimme von Selina: „Abenteuer! Wenn man überlegt, was die Jünger alles für tolle Sachen mit Jesus erlebt haben, das muss ja schon echt krass gewesen sein!"
„Stimmt, Selina! An welche Sachen denkst du genau?"
„Jesus hat doch viele Menschen gesundgemacht. Deswegen war er bei so vielen beliebt!"
Frau Börner kommt wieder nach vorne zur Tafel. „Felix, fällt dir vielleicht noch etwas Abenteuerliches ein, das die Jünger mit Jesus erlebt haben?"
Ja klar, denke ich, kein Problem. Ein paar Bilder aus meiner

Kinderbibel fallen mir ein: „Jesus hat doch mal Wasser in Wein verwandelt. Und er hat Essen für 5 000 Menschen gezaubert."
„Und er hat einen schlimmen Sturm beruhigt!" Sonja hat sich zwar nicht gemeldet, aber Frau Börner nickt ihr trotzdem nur zu. Schon rufen die nächsten Schüler dazwischen.
„Tote wieder lebendig gemacht!"
„Fette Reden gehalten!"
„Mit der Peitsche die Händler aus dem Tempel vertrieben!"
Beschwichtigend hebt Frau Börner die Hand: „Alles klar. Das sind mit Sicherheit genug Abenteuer! Schreibst du es auf, Felix?"
Ich kritzle an die Tafel, während sich die Lehrerin wieder an die Klasse wendet.

„Fällt euch noch etwas ein?"
„Plätze in der ersten Reihe!" Selina erklärt gleich, was sie damit meint. „Viele Leute wollten doch zu Jesus kommen. Es muss da oft ein riesiges Gedränge gewesen sein. Aber die Jünger waren bestimmt immer ganz nah bei Jesus und haben alles genau mitbekommen."
„Sehr schön. Bitte aufschreiben, Felix!"

Es geht schon weiter. Die Antworten kommen von der ganzen Klasse. Fast jedem und jeder scheint jetzt etwas einzufallen.
„Jesus hat ihnen auch immer geholfen!"
„Und ihnen genau erklärt, was er mit seinen Geschichten meint."
„Sinn im Leben!"
„Action!"
„Hoffnung!"
„Neue Gemeinschaft!"
„Glauben!"
„Die Jünger waren so etwas wie krasse Fans von Jesus!"
„Ehre! Bekanntheit! Wenn sie nicht mitgegangen wären, würde heute keiner mehr von ihnen reden."
Ich bin froh, als einen Moment kein neuer Zuruf kommt, weil ich mit dem Schreiben kaum hinterherkomme.

Als ich mich endlich wieder zur Klasse umdrehen kann, meldet sich Sebastian schon wieder. So gut mitgearbeitet hat er vermutlich das letzte Mal, als er noch in der Grundschule war. Frau Börner scheint in eine ähnliche Richtung zu denken.
Sie sagt: „Sebastian, du bist heute aber gut dabei. Freut mich! Was gibt's denn?"
Sebastian strahlt übers ganze Gesicht, als er antwortet: „Also, wenn ich die Tafel jetzt so ansehe, dann finde ich, dass die Jünger durch Jesus ein viel interessanteres Leben bekommen haben."
„Wie meinst du das denn?"
„Na ja, sie haben zwar viel aufgegeben, aber das waren ja schon auch eher langweilige Dinge. Dafür haben sie mit Jesus aber echt coole Sachen erlebt. Eigentlich haben sie ein ganz neues Leben bekommen dadurch."
Frau Börner nickt langsam. „Gut. Wir brauchen noch eine Überschrift für die rechte Seite der Tafel. Hat jemand einen Vorschlag?"
„Wie wäre es mit ‚new life'?"
War das eben wirklich Selina? Hat die etwa die Seiten gewechselt? Vorhin hat sie doch zu mir gehalten.
„Ok", *sagt Frau Börner.* „Das passt gut zu Sebastians Meinung. Schreibst du es an, Felix?"
Während ich die Überschrift an die Tafel schreibe, ruft jemand: „Die waren ja ganz schön langweilig vorher."
„Stimmt. Richtige Spießer!"
„Rechts stehen viel coolere Sachen!"
„Genau!"

Während die anderen ihre Meinung sagen, trete ich ein paar Schritte zurück und überfliege, was ich an die Tafel geschrieben habe. Ich muss den anderen recht geben. Auf der linken Seite stehen wirklich die cooleren Dinge. Die Jünger haben zwar einiges aufgegeben, aber was sie dafür bekommen haben, ist wohl viel mehr wert. Eigentlich wären sie sogar ziemlich bescheuert gewesen, wenn sie nicht mitgegangen wären.

„Auf den ersten Blick sieht es so aus, als wären die Jünger damals wirklich ziemlich unvernünftig gewesen, als sie einfach mit Jesus mitgegangen sind. Aber was hatten sie von ihrem Leben als einfache Fischer zu erwarten?" Frau Börner wartet nicht auf eine Antwort, sondern redet gleich weiter. „Einen stressigen Job, wenig Freizeit, kaum Abwechslung. Natürlich konnten sie damals noch nicht wissen, was sie mit Jesus erleben würden. Aber zumindest im Nachhinein kann man vielleicht schon sagen, dass sie doch richtig gehandelt haben. Oder?" Sie macht eine kurze Pause.

„Ich würde gerne die Abstimmung von vorhin wiederholen: Wer seine Meinung geändert hat und jetzt doch denkt, dass sie alles richtig gemacht haben, als sie mit Jesus mitgegangen sind, der darf sich jetzt melden."
Frau Börner hat noch kaum ausgeredet, als ich auch schon die Hand hebe, gleichzeitig mit Selina. Die anderen Schülerinnen und Schüler tun es uns gleich.
Noch während der Abstimmung klingelt es zur großen Pause und mir werden zwei Dinge klar:
Zum einen: So schnell ist noch nie eine Religionsstunde vergangen.
Zum anderen: Selina hat mir tatsächlich zugeblinzelt.
Zweimal!

Impulse:

★ Was ist eigentlich Langeweile?

★ Wie sieht ein langweiliges Leben aus?

★ Wer führt deiner Meinung nach ein langweiliges Leben? Kennst du jemanden?

Aufgaben:

★ Stelle dir vor, in der Pause nach der Religionsstunde kommt Selina auf Felix zu. Sie lächelt und beginnt ein Gespräch mit dem Satz: „Hey, wir waren ja ein gutes Team gerade eben, oder?" Wie könnte das Gespräch weitergehen? Schreibe diesen Dialog.

★ Vervollständige den Satz: Ein erfülltes Leben hat man, wenn …

★ Erstelle deinen ganz persönlichen Wunsch-Lebenslauf.

★ Gestaltet zwei Plakate: Auf einem Plakat soll sich ein Haus befinden. In dieses Haus schreibt ihr alle Dinge, welche die Jünger zurücklassen mussten, als sie mit Jesus weiterzogen. Auf dem zweiten Plakat soll sich ein Koffer befinden: In den Koffer schreibt ihr die Dinge, welche die Jünger bekommen haben, als sie mit Jesus gegangen sind. Fallen euch noch andere Dinge ein als Selina, Felix und ihrer Klasse?
Tipp: Es gelten auch „Dinge" wie Gemeinschaft, Abenteuer, …

Kirche

Klasse 8

Gottesdienst: Gottes Dienst an uns

Wann warst du eigentlich das letzte Mal in einem Gottesdienst?
Ach, so lange ist das schon her?
Hast du dir auch schon mal überlegt, was das denn eigentlich ist: Gottesdienst?
Ist das eine Veranstaltung, in der wir Gott dienen sollen? So ein Treffen von Gottes Dienern, eine Art Pflichtveranstaltung für alle Christen, zu der alle Gläubigen erscheinen sollten, wenigstens an Weihnachten, sonst ist Gott böse auf sie?
Ein Gottesdienst wäre dann so etwas wie die jährliche Hauptversammlung eines Vereins, bei der man als Vereinsmitglied auch nicht fehlen sollte. Man hat zwar vielleicht keine große Lust, aber irgendwie fühlt man sich eben verpflichtet. Oder kann man den Gottesdienst mit einem wöchentlichen Fußballtraining vergleichen? Wer nicht zum Training erscheint, der wird eben nicht aufgestellt und sitzt während des nächsten Spiels auf der Bank, weil der Trainer sauer ist.

Aber denkt Gott wirklich so?
Kann man ihn, den Schöpfer der ganzen Welt, wirklich mit einem Fußballtrainer vergleichen – mit einem Trainer, der genau kontrolliert, wer beim Training war und wer nicht?
Müssen wir Gott wirklich durch den Gottesdienstbesuch davon überzeugen, dass wir ihn nicht ganz vergessen haben? Sollen wir ihm in der Kirche am Sonntagmorgen wirklich „dienen"?
Können wir das überhaupt – Gott dienen?
Hat Gott unseren Dienst denn überhaupt nötig?

Vielleicht müssen wir das Wort Gottesdienst doch ganz anders verstehen: Nicht wir sollen Gott dienen, sondern genau umgekehrt. Ein Gottesdienst könnte ja auch eine Veranstaltung sein, in der Gott UNS dienen möchte. Eine Gelegenheit, die Gott nutzt, um UNS nahe zu sein, um UNS Gutes zu tun. Gottesdienst, verstanden als Gottes Dienst an uns.

Vielleicht sehnt sich Gott ja wirklich nach uns. Vermutlich ist er wirklich gern mit uns zusammen, möchte uns etwas mitteilen und hört uns gerne beim Singen zu. Und er weiß wahrscheinlich auch genau, dass wir uns nun einmal beim Gottesdienst in der Kirche am besten auf ihn konzentrieren können. Vielleicht freut er sich deswegen über jeden, der zum Gottesdienst kommt.

Wenn ich im Gottesdienst sitze, dann habe ich manchmal das Gefühl, als würde Gott selbst sich neben mich setzen. Und als würde er dann seinen Arm um mich legen und leise sagen: „Hey Dirk – freut mich, dass du da bist!"
Lassen wir uns doch das nächste Mal, wenn wir in einem Gottesdienst sitzen, von Gott umarmen – wir werden es vermutlich nicht bereuen!

Impulse:

★ Und? Wann warst du das letzte Mal in einem Gottesdienst?

★ An welche Dinge aus deinen bisherigen Gottesdienstbesuchen erinnerst du dich?

Aufgaben:

★ Welche Elemente müsste ein Gottesdienst haben, in den du gerne gehen würdest?

★ Frage deine Großeltern, was ihnen an einem Gottesdienst wichtig ist. Berichte davon in der nächsten Stunde.

★ „Der eigentliche Gottesdienst beginnt erst nach dem AMEN!"
Diskutiert diese Aussage.

Filmtipp:

★ Über die Rolle der Kirche und des Gottesdienstes hat sich auch vor ein paar hundert Jahren schon jemand Gedanken gemacht: Seht euch gemeinsam den Film „Luther" an. Nehmt euch genügend Zeit und lasst euch die Zusammenhänge erklären. Der Film passt auch toll zum Geschichtsunterricht.

Till Eric (2003): *Luther* [DVD], Deutschland, Vereinigte Staaten: Neue Filmproduktion teleart GmbH, Thrivent Financial for Lutherans, Eikon Film.

Mensch

Klasse 8

Zeitverschwendung?

Ist es nicht jedes Jahr das Gleiche?
Immer zu Beginn der langen Sommerferien freut man sich. Man freut sich auf die freie Zeit, aufs Chillen und Zocken, aufs Ausschlafen und den Spaß mit den Kumpels oder Freundinnen, vielleicht auch auf den Urlaub mit der Familie. Mehr als sechs Wochen Ruhe vor der Schule – beinahe unendlich lang scheinen uns diese eineinhalb Monate zu Beginn der Ferien.

Im Lauf dieser sechs Wochen schwächt sich dieses Gefühl der endlos langen Ferien aber immer mehr ab. Und am Ende sind sie dann regelmäßig doch schneller vorbei als gedacht, die schönen Wochen. Manchmal kann man hinterher kaum mehr sagen, was man denn gemacht hat, als man über so viele Stunden, Tage und Wochen hinweg kaum Verpflichtungen hatte.

Wenn man ein bisschen darüber nachdenkt, ist es wie mit feinem Sand am Meer oder wie mit Wasser. Man kann zwar die Hände ganz fest zusammenpressen, ein bisschen rieselt aber immer durch, heimlich still und leise. Auch wenn die Hände anfangs ganz prall gefüllt waren, dauert es meistens gar nicht so lange, dann hat man kaum mehr etwas zwischen den Fingern.

Ganz ähnlich ist es mit der Zeit. Auch die Zeit kann man nicht festhalten. Sie scheint zwar manchmal schneller zu vergehen und manchmal – besonders in langweiligen Schulstunden – dehnen sich die Minuten beinahe endlos, aber stehen bleiben tut sie nie. Oft rieselt sie uns auch beinahe unbemerkt aus den Händen, wie Sand oder Wasser, und wir fragen uns hinterher, wo sie geblieben ist.

Ist uns aller Sand oder das ganze Wasser zwischen den Fingern zerronnen, bücken wir uns und füllen einfach unsere Hände neu. Kein Problem! Mit der Zeit geht das leider nicht so einfach. Wir können sie nicht verlangsamen und auch nicht anhalten. Vergangene Zeit zurückholen geht auch nicht, auch wenn wir uns das manchmal so dringend wünschen. Jede Stunde, jede Minute gibt es nur einmal. Das macht die Zeit so wertvoll.

Unterhält man sich mit älteren Leuten – also mit allen über 30 – sagen die sogar, dass die Zeit immer schneller vergeht, je älter man wird. Bei diesem Gedanken könnte einem fast ein bisschen unwohl werden. Genau deswegen ist es wichtig, seine Zeit gut auszunutzen. Der Schriftsteller Gorch Fock hat gesagt:
„Du kannst dein Leben nicht verlängern noch verbreitern: nur vertiefen, Freund."

Aber wie macht man das, sein Leben vertiefen?
Ganz auf Spaß und Vergnügen setzen?
Oder lieber alles Unnötige weglassen?
Seinem Leben irgendeinen Sinn geben vielleicht?
Aber welchen?
Oder einfach nicht darüber nachdenken, weil man ja nichts ändern kann?

Irgendwie ist es vielleicht doch ganz gut, dass es Gott gibt!
Oder?
Er weiß schließlich am besten, wie es mir geht. Er kennt meine Gedanken und Gefühle. Er weiß, was mich freut, aber auch, was mich belastet und mir vielleicht sogar Angst macht.
Er hat mich und meine Zeit in seiner großen Hand, auch dann, wenn ich davon vielleicht gar nichts merke oder es nicht einmal wahrhaben will.

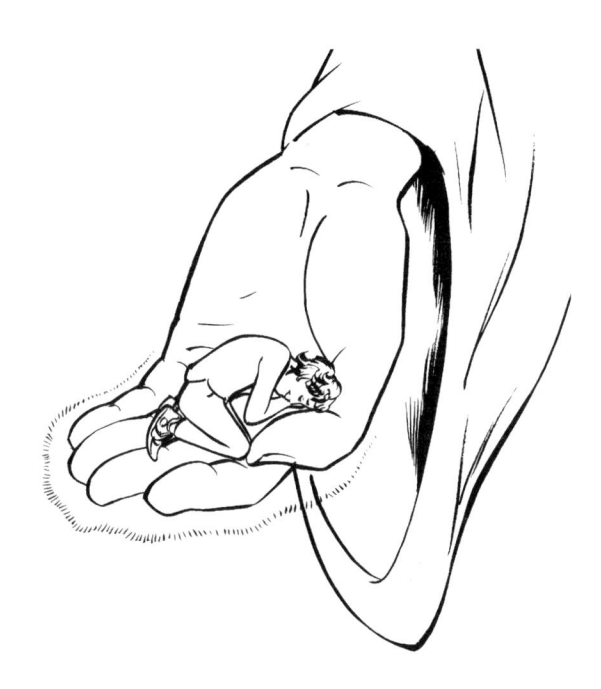

Gott freut sich auch, wenn ich mit meiner Zeit etwas Sinnvolles anfange, so wie dieser Taxifahrer aus New York:

Ich hatte schon zum zweiten Mal gehupt. Nichts regte sich, also ging ich ungeduldig zur Tür. Eine kleine, zerknitterte und anscheinend ziemlich alte Frau öffnete auf mein Klingeln hin. Sie hatte einen altertümlichen Hut auf, in der Hand hielt sie einen Koffer, der wohl schon bessere Tage gesehen hatte.
„Würden Sie mir bitte helfen?", fragte sie und streckte mir den Koffer entgegen. Ich trug den Koffer zum Auto und half der Dame dann beim Einsteigen. Sie nannte mir die Zieladresse und fragte im gleichen Atemzug, ob wir nicht durch die Innenstadt fahren könnten.

„Das ist aber ein ziemlicher Umweg", entgegnete ich und dachte, damit wäre das Thema abgehakt. Doch die Frau meinte: „Wissen Sie, ich habe es nicht eilig. Ich bin auf dem Weg in ein Hospiz."
Mist, dachte ich. Das ist doch ein Ort, wo Menschen zum Sterben hingehen. Ich sah in den Rückspiegel.
Die Frau begegnete meinem Blick ganz ruhig: „Ich hinterlasse keine Nachkommen. Der Arzt meinte, dass ich nicht mehr lange habe."

Ich beugte mich vor und schaltete wortlos das Taxameter aus. Für die nächsten Stunden fuhren wir kreuz und quer durch die Stadt, zu den verschiedenen Stationen ihres langen Lebens. Sie zeigte mir die Kirche, in der sie geheiratet und das Hotel, in dem sie gearbeitet hatte. Wir fuhren zum Haus, in dem sie mit ihrem Mann gelebt hatte und zu der Kreuzung, wo er bei einem Verkehrsunfall gestorben war. An ihrem ehemaligen Lieblingslokal kamen wir vorbei und am Friedhof, auf dem ihre Mutter begraben worden war.
Die Sonne war längst untergegangen, als sie schließlich meinte, dass sie müde wäre und wir jetzt zum Hospiz fahren könnten.
Kaum war ich vorgefahren, als auch schon zwei Mitarbeiter nach draußen kamen und die Frau in Empfang nahmen. Sie war wohl schon lange erwartet worden.
Als sie mich bezahlen wollte, lehnte ich ab. Wortlos umarmte sie mich. Als sich die Dame schließlich umwandte und das Haus betrat, das sie vermutlich nicht wieder lebend verlassen würde, hatte ich Tränen in den Augen. Und das schöne Gefühl im Herzen, meine Zeit noch nie so sinnvoll verbracht zu haben wie die letzten paar Stunden.

Impulse:

- Sieh eine Minute lang auf eine Uhr. Mache dir bewusst, dass jede einzelne Sekunde etwas Besonderes ist, weil sie nie wiederkommt.

- An welche Zeiten aus deinem Leben erinnerst du dich? Warum erinnerst du dich wohl genau daran, wo du doch vieles andere vergessen hast?

Aufgaben:

- Erstelle eine Tabelle mit den Spalten „Sinnvolle Zeit" und „Verschwendete Zeit". Suche dir dann zehn Dinge aus, die du letzte Woche gemacht hast, und versuche, sie in diese Spalten einzuordnen. Was fällt dir auf?

- Suche im Internet nach dem Gedicht „Ich wünsche dir Zeit" von Elli Michler. Lies dir das Gedicht in Ruhe durch. Ersetze in Gedanken überall das „dir" durch ein „mir", das „dich" durch ein „mich" und lies noch einmal. Welche Strophe passt am besten zu dir? Schreibe diese Strophe ab und klebe sie in dein Heft. Vielleicht möchtest du sie auch auf Instagram posten?
Vielleicht möchtest du auch eine Strophe oder das ganze Gedicht jemandem schenken. Drucke das Gedicht doch einfach aus und gestalte einen schönen Brief damit.

Mensch

Klasse 9

„Ich hab' doch nur gesagt ...!"

Der Pfarrer eines kleinen Dorfes sitzt an einem schönen Sommerabend in seinem Arbeitszimmer. Er blättert in einem Buch, als es plötzlich an die Tür des Pfarrhauses klopft. „Nanu, so spät noch Besuch", murmelt er, steht auf und öffnet gespannt die Tür. Draußen steht eine junge Frau, ganz offensichtlich ziemlich aufgelöst und den Tränen nahe.

„Bitte, bitte, Sie müssen mir helfen", sprudelt es nur so aus ihr heraus, noch bevor der Pfarrer sie überhaupt begrüßen kann. Er bittet die aufgeregte Frau herein und bietet ihr ein Glas Wasser an.

Kaum sitzt sie ihm gegenüber, beginnt die Frau von Neuem: „Ich habe so ein schlechtes Gewissen, das können Sie sich gar nicht vorstellen!" Und dann erzählt sie ihm davon, wie sie aus Neid auf ihre neue Nachbarin falsche Dinge über sie erzählt hat. Böse Geschichten hatte sie erfunden und im Dorf erzählt, weil sie neidisch gewesen war auf die beiden netten Kinder, auf den attraktiven Mann und das neue Auto.

„Gestern habe ich das erste Mal länger mit ihr geredet, ganz zufällig", fährt die Frau schluchzend fort, „und ich habe jetzt erst gemerkt, dass sie ganz nett ist und dass sie es auch nicht immer leicht hatte im Leben. Es tut mir so leid, was ich über sie erzählt habe. Wie kann ich das nur wiedergutmachen? Am liebsten würde ich alle meine bösen Worte über sie zurückholen." Hilfesuchend blickt sie den Pfarrer an. Dieser überlegt kurz.

„Ich bin gleich wieder da", meint er schließlich. Dann geht er aus dem Raum und kommt gleich darauf mit einem prall gefüllten Rucksack wieder.

„Kommen Sie", sagt er zu der Frau, gemeinsam verlassen sie das Pfarrhaus und gehen über die Straße zur Kirche.

„Wir reden sehr gerne nachher weiter", sagt der Pfarrer, als er die Kirchentür aufschließt. „Ich möchte Ihnen nur vorher etwas zeigen." Etwas verwundert folgt ihm die Frau und gemeinsam steigen sie durch das enge Treppenhaus auf den Kirchturm. Oben angekommen öffnet der Pfarrer einen Fensterladen. Aus seinem Rucksack zieht er *ein altes Federkissen, aus seiner Tasche nimmt er eine Schere. Verwundert sieht die Frau ihm zu, als er eine Seite des Kissens aufschneidet, die Schere wegpackt und dann sämtliche Federn aus dem Kissen schüttelt.*

Unzählige kleine, flauschige Daunen tanzen in der Abendsonne. Während der leichte Abendwind die Daunen mitnimmt, sie sanft durch die Luft wirbelt und sie davonträgt über Schornsteine und Dächer, über Wiesen und Wälder, wird der Frau langsam klar, was der Pfarrer ihr zeigen möchte: Worte sind wie Federn im Wind. Einmal ausgesprochen, kann man sie nie wieder zurückholen!

Viel hinzufügen muss man dieser Geschichte eigentlich nicht. Auch der Pfarrer hat nur wenige Worte verloren und durch sein Beispiel mit den Federn deutlich gemacht, wie das mit Worten ist. Einmal ausgesprochen hat man keine Kontrolle mehr über sie. Man kann sie nicht wieder zurückholen, so sehr wir uns das manchmal vielleicht wünschen, wie auch die Frau in der Geschichte.

Wir wissen nicht, wen unsere Worte vielleicht erreichen und was sie unter Umständen für Schaden anrichten können.
Das Schöne an dieser Tatsache ist aber auch, dass dies nicht nur für böse Worte gilt, sondern auch für die guten. Auch freundliche Worte, Lob und Komplimente machen sich auf den Weg unter die Menschen. Manchmal richten sie vielleicht sogar mehr Gutes aus, als wir gedacht hätten.

Überlegen wir doch in Zukunft ein bisschen genauer, welche Worte wir aussprechen und welche wir lieber für uns behalten.
In der Volxbibel – einer modernen, frechen Bibelübersetzung – wird das so ausgedrückt: *Hört auch auf, über andere Leute abzulästern! Wenn ihr was sagt, sollen andere damit was anfangen können. Es ist immer besser, andere zu ermutigen* (Volxbibel, Epheserbrief Kapitel 4,29) *(übersetzt von Martin Dreyer © ICMedienhaus GmbH & Co. KG).* Seien wir uns bewusst, welche unserer Aussagen vielleicht Freude verbreiten, andere beruhigen oder trösten und welche bei anderen Menschen Schaden anrichten können – vielleicht mehr, als wir beabsichtig haben. Zuerst denken, dann reden – das wäre doch mal ein Anfang!

Übrigens: Man könnte auch sagen – zuerst überlegen, dann posten! Für sämtliche Aktivitäten im Internet gilt nämlich genau das Gleiche wie für Worte!

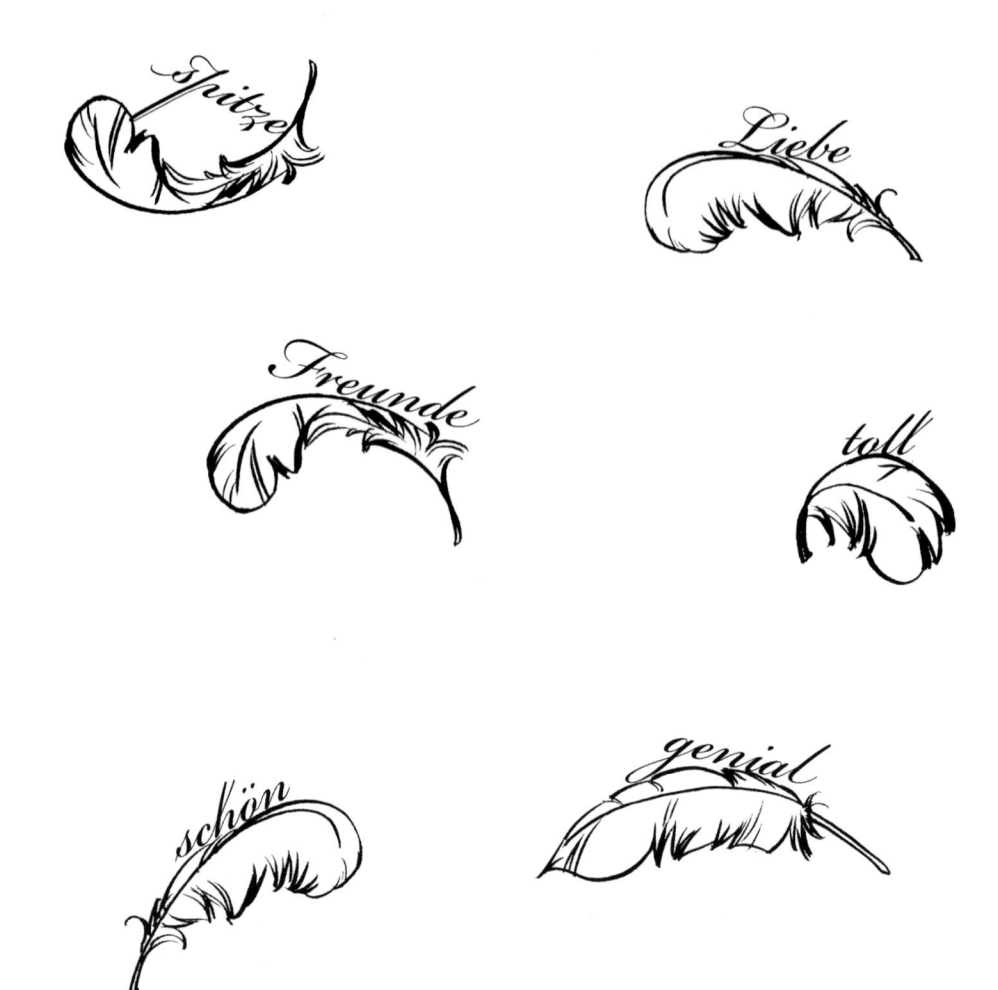

Impulse:

★ Vielleicht hast du mal ruhige fünf Minuten – dann scrolle doch mal durch deine Chatverläufe. Vielleicht erinnerst du dich auch so: Auf welche deiner Beiträge bist du stolz, welche würdest du lieber zurücknehmen?

★ Sieh dir doch mal deine Posts an: Vielleicht ist es an der Zeit, den ein oder anderen zu löschen – und zu hoffen, dass niemand davon Screenshots gemacht hat.

Aufgaben:

★ Bestimmt fallen dir viele Personen ein, denen du gerne eine Freude machen würdest. Erstelle doch eine kleine Liste mit drei Namen und nimm dir vor, diesen Personen etwas Freundliches zu sagen oder zu schreiben. Vielleicht schaffst du das ja bis zur nächsten Stunde und kannst von ihren Reaktionen berichten.

★ Geschriebene Worte zählen manchmal noch mehr als gesprochene. Wie wäre es, wenn du – jetzt sofort – eine Whatsapp-Nachricht an deine Eltern schreibst und ihnen dafür dankst, was sie alles für dich tun?

Filmtipp:

★ Worte haben große Auswirkungen. Im Film „Sophie Scholl – Die letzten Tage" sind es die geschriebenen Worte auf Flugblättern, die das Leben dieser jungen Frau, ihres Bruders und ihrer Freunde dramatisch beeinflussen. Der Film passt auch gut zum Geschichtsunterricht.

Rothemund, Marc (2005): *Sophie Scholl – Die letzten Tage* [DVD], Deutschland: Goldkind Filmproduktion GmbH & Co. KG (München), Broth Film (München).

Gott Klasse 9

Fünf Sinne

Sie war strohblond und sie hatte ein ansteckendes Lachen. In meinen Augen war sie das schönste Mädchen der Welt. Den allerersten Kuss habe ich bis heute nicht vergessen, und auch nicht das damit verbundene Gefühl – so eine Mischung aus Karussell- und Achterbahnfahrt, verbunden mit riesiger Erleichterung („Ja, sie will mich auch!") und einer dicken Portion Stolz. Ich bin mir ziemlich sicher, dass sich auch viele andere an solche ersten Erlebnisse erinnern. Oder?

Die erste Liebe ist schon etwas ganz Besonderes. Sie lässt uns hoffen und bangen, leiden und lachen. Sie spornt uns zu ungeahnten Leistungen an und sie scheint alles zu verändern, zumindest für eine bestimmte Zeit. Aber gibt es sie überhaupt wirklich – die Liebe?

Sehen, Hören, Riechen, Schmecken und Tasten – mit diesen fünf Sinnen nehmen wir die Welt wahr. Was wir mit unseren Sinnen feststellen können, glauben wir. Was wir sehen oder hören können, stellen wir nicht in Frage. Was wir riechen, tasten oder schmecken können, dessen Existenz wird nicht bezweifelt.
Gibt es aber nicht auch Dinge, die wir mit unseren fünf Sinnen nicht wahrnehmen können, an die wir aber trotzdem glauben? Dinge, die sich unseren Sinnen entziehen, die aber dennoch real vorhanden sind? Wir sind doch nicht wirklich davon überzeugt, dass es zwischen Himmel und Erde nur das gibt, was wir direkt wahrnehmen können?
Oder?

Schon bei kurzem Nachdenken muss uns eigentlich klarwerden, dass was dran sein muss an dieser Frage: Keiner wird bezweifeln wollen, dass es unsere Gefühle wirklich gibt. Wir erfahren und erleben sie ja täglich. Sie beeinflussen, was wir tun und was wir denken. Manchmal steuern sie sogar fast unser ganzes Leben.

Sie lassen uns auf Wolke Sieben schweben oder Böses denken: die Liebe oder der Hass. Mit anderen Gefühlen ist es ganz ähnlich. Wir können aber weder Liebe noch Hass anfassen.

Auch Eifersucht, Neid, Stolz oder Glück lassen sich weder hören noch sehen, und auch nicht schmecken, tasten oder riechen.
Was wir wahrnehmen können, sind die Auswirkungen dieser Gefühle: Die heißen Küsse eines verliebten Pärchens oder die Boxhiebe während einer Schlägerei lassen sich problemlos beobachten. Das Glücksgefühl frisch Verliebter aber können wir nicht wahrnehmen. Wir können es uns nur durch Rückschlüsse und eigene Erfahrungen herleiten. Sehen oder hören, riechen, tasten oder schmecken können wir es nicht.

Unsere Sinne versagen beispielsweise auch bei der Wahrnehmung von Radioaktivität – Funkwellen oder Radarstrahlen können wir mit unseren Sinnen ebenfalls nicht erkennen. Ihre Existenz bezweifelt aber niemand, auch wenn wir irgendwelche technischen Hilfsmittel brauchen, um sie wahrzunehmen.

In diesem Zusammenhang könnte man dann auch fragen, wie es eigentlich um Gott steht. Der Schöpfer der Welt hat es da nämlich schon schwerer. Auch mit technischen Geräten oder Versuchen kann man nicht beweisen, dass es Gott überhaupt gibt. Und unsere fünf Sinne helfen uns auch nicht viel weiter, weil man den großen Gott ja bekanntlich weder sehen noch hören kann, und auch durch Tasten, Riechen und Schmecken gibt er sich nicht zweifelsfrei zu erkennen.
Auf den ersten Blick ist es also nicht weiter verwunderlich, dass viele Menschen daran zweifeln, dass es Gott überhaupt gibt. Warum allerdings die gleichen Menschen keinerlei Probleme haben, an die Existenz von Gefühlen zu glauben, oder auch an Radioaktivität, die sie ebenso wenig mit ihren Sinnen wahrnehmen können, das können sie meistens nur schwer erklären.
Wer behauptet, dass man die Gefühle und ihre Auswirkungen wenigstens am eigenen Leib erfahren könne, der sollte vielleicht einen der vielen Millionen Christen fragen. Die können nämlich glaubhaft bezeugen, dass man auch Gott erfahren und erleben kann – genauso wie beispielsweise die Liebe.

Weil Christen bekanntlich stets die Wahrheit sagen sollen, dürfen wir ihren Aussagen vermutlich auch Glauben schenken.

Vielleicht müssen wir Gott doch eine Chance geben. Das Argument, es gibt ihn nicht, weil man ihn nicht sehen kann, zählt jedenfalls nicht. Außerdem hat Gott doch versprochen, dass er sich von uns finden lässt, wenn wir ihn von ganzem Herzen suchen. Probieren wir es doch mal aus!

Schon der Autor Saint-Exupéry beschrieb in seinem berühmten Werk „Der kleine Prinz" dieses Phänomen. Darin erklärt der kleine Prinz, dass man nur mit dem Herzen gut sehen könne und dass die wichtigen Dinge im Leben mit den Augen nicht zu erkennen seien.
Vielleicht können wir dem kleinen Prinzen darin zustimmen, gerade beim Nachdenken über Gott und die Welt.

Impuls:

★ Welches sind die wichtigsten Entscheidungen, die ein Mensch in seinem Leben treffen muss?
Beruhen diese Entscheidungen nur darauf, was wir mit unseren Sinnen wahrnehmen können?

Aufgabe:

★ Ein bekannter Vers aus der Bibel lautet:
Doch der Herr sagte zu ihm: „Lass dich von seinem Aussehen und von seiner Größe nicht beeindrucken. Er ist es nicht. Denn ich urteile nach anderen Maßstäben als die Menschen. Für die Menschen ist wichtig, was sie mit den Augen wahrnehmen können; ich dagegen schaue jedem Menschen ins Herz."
(1. Samuel 16,7, Hoffnung für alle).
Welche Verbindung besteht zum Inhalt dieses Kapitels?
Lies dir doch die ganze Geschichte durch, in der dieser Vers vorkommt. Sie steht in 1. Samuel in Kapitel 16.

Bibel Klasse 9

Großes Kino

Wer geht nicht gerne ins Kino?
Gute Filme sehen wir doch alle gern. Aber was gehört deiner Meinung nach zu einem guten Spielfilm?
Was müssen die Filmemacher beachten, wenn sie einen möglichst erfolgreichen Blockbuster drehen wollen?
Welche Themen kommen gut an?

Natürlich muss das Drehbuch stimmen. Es sollte eine gute Geschichte sein, der man gerne folgt.
Aber reicht das schon?
Oder braucht ein Film mehr, um Erfolg zu haben?
Was macht einen Film noch sehenswert?

Action, sagst du?
Klar, Action passt zu vielen Filmen. Naturkatastrophen und Kriege, Verfolgungsjagden und Schlägereien, spannende Szenen mit viel Adrenalin, das sehen viele gerne an. Gewalt spielt eine wichtige Rolle.
Aber auch die Romantik darf nicht fehlen. Eine Liebesgeschichte ist doch fast immer dabei, gerne auch mit ein bisschen Sex.
„Sex sells" gilt schließlich nicht nur für Werbung, sondern auch für Spielfilme.
Fesselnde Dialoge, interessante Schauplätze und gute Kostüme schaden ebenfalls nicht.
Viele stehen auch auf Science-Fiction und Special Effects, auf Magie und Übernatürliches.

Nicht unterschätzen sollte man die Faszination von gruseligen Szenen und Horror. Auch Humor ist ganz wichtig. Lachen tun doch alle gern, besonders gern über andere.
Bezüge zur Realität, zu geschichtlichen Ereignissen oder echten Entwicklungen sind ebenfalls beliebt. Mitentscheidend sind aber auf jeden Fall auch die Schauspieler. Es sind attraktive Menschen mit Ausstrahlung und Charakter, die einen Film oft erst sehenswert machen.
Fast immer geht es in Spielfilmen um Außergewöhnliches: Um den Kampf zwischen Gut und Böse, um Konflikte, Freundschaft und Intrigen, um Verbrechen oder die große Liebe, um wichtige Entscheidungen und große Gefühle.

Mit schöner Regelmäßigkeit wiederholen sich die immer gleichen Themen in vielen erfolgreichen Kinofilmen. Und auch die Anforderungen an die Darsteller scheinen immer die gleichen zu sein. Neben den schauspielerischen Fähigkeiten kommt es doch auch immer auf Ausstrahlung, Attraktivität und Aussehen an. Ist ja auch logisch: Menschen mit Ausstrahlung nimmt man eher etwas ab, schöne Menschen sieht man einfach gerne an.

Es wird aber wohl kaum einen Film geben, der all die aufgezählten Dinge gleichermaßen berücksichtigt, dafür sind die Anforderungen vielleicht doch ein bisschen zu unterschiedlich und ein Drehbuch dafür zu schreiben, wäre eine echte Herausforderung. Es wird auch kaum ein Buch geben, das von allem etwas zu bieten hat und das man verfilmen könnte.
Oder etwa doch?

Vielleicht nicht ganz umsonst das Buch der Bücher genannt, wird man sich schwertun, auch nur einen der angeführten Aspekte NICHT in der Bibel zu finden – und das gleich vielfach.

Action und Gewalt, Brutalität und Psychoterror – insbesondere das Alte Testament steckt voll solcher Geschichten. Da soll der eigene Vater den langersehnten Sohn und Erben eigenhändig umbringen. Die abgeschlagenen Köpfe von Feinden werden über die Stadtmauern geworfen, Feuer fällt vom Himmel und löscht ganze Städte aus. Rivalen werden gnadenlos aus dem Weg geräumt und Hunde lecken das Blut toter Menschen auf.

Naturkatastrophen mit gigantischen Ausmaßen gibt es genügend, Übernatürliches und Unerklärliches ebenso. Riesige Heuschreckenschwärme verdunkeln den Himmel und fressen alles kahl, Massen von Fröschen überrennen das Land. Alles Wasser verwandelt sich in Blut und alle erstgeborenen Lebewesen sterben in einer Nacht einen rätselhaften Tod.

Drehbuchschreiber tun sich fast schon schwer, Horrorszenarien zu entwerfen, die nicht schon auf ähnliche Weise in der Bibel vorkamen. Die Sintflut bei Noah ertränkt den ganzen Erdkreis, Giftschlangen überfallen das Volk Israel, Menschen erstarren buchstäblich auf der Flucht, Dämonen plagen Menschen und lassen zum Beispiel eine ganze Schweineherde ins Verderben rennen.

Der Kampf zwischen Gut und Böse kommt immer wieder vor: Die Versuchungen Jesu sind nur ein Beispiel, wo sich Gut und Böse direkt gegenüberstehen. Habgier und Eifersucht, Größenwahn und Rassismus, aber auch Gerechtigkeitssinn und Asylrecht, Nächstenliebe und Aufopferung haben ihren festen Platz in der Bibel.

Menschen mit besonderer Ausstrahlung und auch von großer Schönheit – ebenfalls keine Seltenheit in der Bibel. Abrahams Frau muss sich als seine Schwester ausgeben, weil er wegen ihrer großen Schönheit befürchtet, als ihr Mann in Ägypten umgebracht zu werden. Jesus, Johannes der Täufer, Elia, Mose, David – viele große Gestalten der Bibel müssen eine unglaubliche Ausstrahlung gehabt haben, anders ist ihr Erfolg nicht zu erklären.

Romantische Liebesgeschichten und selbst Sex sind Teil von Gottes überlieferter Geschichte mit der Menschheit. Da machen Töchter ihren eigenen Vater betrunken, um mit ihm Nachkommen zu zeugen, Jakob arbeitet zwei Mal sieben Jahre, bis er endlich seine Angebetete heiraten darf, Josef wird von der Frau seines Arbeitgebers so heftig bedrängt, dass er seine Kleider zurücklassen muss.

Zusammengefasst kann man sagen, dass wohl alle großen und wichtigen Themen des Lebens in der Bibel vorkommen. Vielleicht ist sie aus diesen Gründen auch bis heute das meistverkaufte Buch auf der ganzen Welt.

Kein Buch ist in mehr Sprachen übersetzt, keines ist besser erforscht und strenger kritisiert worden. Und mit absoluter Sicherheit hat kein anderes Buch die Welt mehr verändert. Das gilt für große Teile der Welt genauso wie für das Leben von Millionen einzelner Menschen. Wer sich ernsthaft auf die Bibel einlässt, der wird durch dieses einzigartige Buch verändert.
Und wer diesen Versuch wagt, wird es kaum bereuen!
Machen wir doch einfach den Test!

Impulse:

★ Welche Geschichten aus der Bibel kennst du?

★ Eignen sich manche Geschichten aus der Bibel besonders als Thema für einen Film? Welche sind das und warum?

Aufgaben:

★ Wie könnte ein christlicher Influencer Werbung für die Bibel machen? Welche Posts müsste er machen, welche Storys veröffentlichen? Erstelle eine Liste mit Tipps.

★ Stelle dir vor, die ganze Bibel wäre ein Kinofilm. Gestalte ein Plakat, das möglichst viele Menschen anspricht und zum Besuch dieser Filmvorführung einlädt.

★ Suche im Internet nach bekannten Schauspielern und überlege, wer im großen Bibel-Film mitspielen könnte? Wer sollte welche Rolle spielen? Diskutiere mit deinem Nachbarn darüber.

Bibel — Klasse 9

Echte Helden

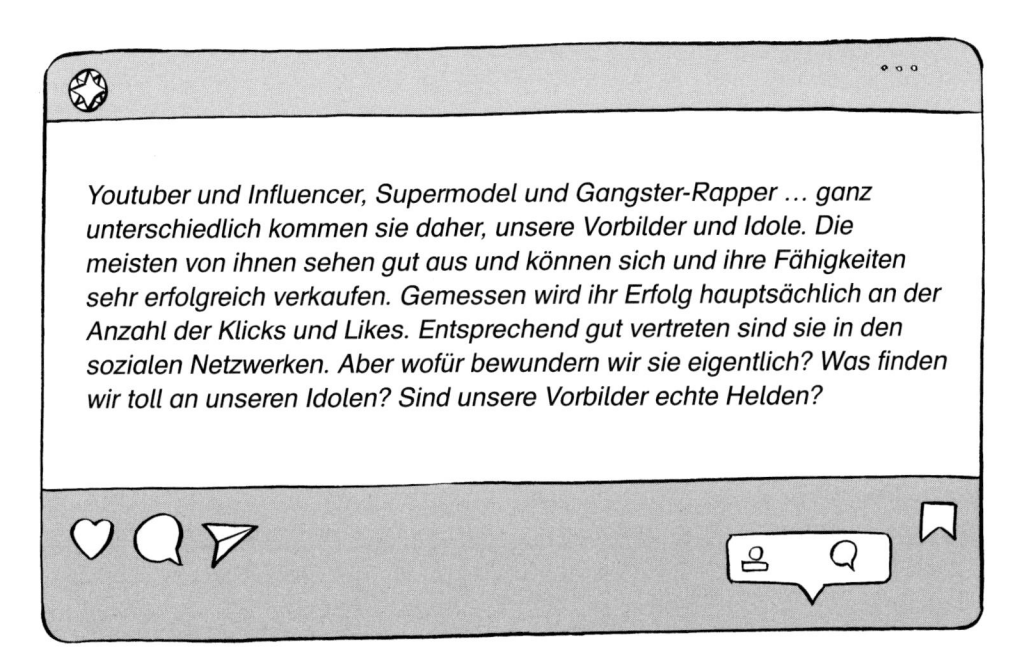

> *Youtuber und Influencer, Supermodel und Gangster-Rapper … ganz unterschiedlich kommen sie daher, unsere Vorbilder und Idole. Die meisten von ihnen sehen gut aus und können sich und ihre Fähigkeiten sehr erfolgreich verkaufen. Gemessen wird ihr Erfolg hauptsächlich an der Anzahl der Klicks und Likes. Entsprechend gut vertreten sind sie in den sozialen Netzwerken. Aber wofür bewundern wir sie eigentlich? Was finden wir toll an unseren Idolen? Sind unsere Vorbilder echte Helden?*

Obwohl heute längst klar ist, dass Frauen in vieler Hinsicht heldenhafter handeln als viele Männer, kommt kaum ein Action-Film aus Hollywood ohne ihn aus – den klassischen Helden. Einen echten Kerl, der durch Mut zum Risiko, besondere Kraft und besonderes Geschick oder auch durch Mut und Intelligenz aus der Masse herausragt.

Er besteht die schwierigsten Herausforderungen und glänzt durch Tapferkeit und Intelligenz. Er hat die richtigen und rettenden Einfälle zur passenden Zeit und genießt nicht selten auch die Bewunderung einer attraktiven Frau, die manchmal ähnliche Fähigkeiten hat. In einigen Fällen sind die Geschlechterrollen auch vertauscht.
Oft allerdings sind auch die Gegenspieler der Helden mit ähnlichen Eigenschaften ausgestattet. Auch sie verfügen häufig über außergewöhnliche Fähigkeiten und machen dem Helden meist das Leben recht schwer. Wo würde auch sonst die Spannung herkommen?

Was macht aber dann einen Helden zu dem, was er eigentlich darstellt?
Was zeichnet ihn aus und was unterscheidet ihn von seinen Gegenspielern? Eine Eigenschaft haben sie alle gemeinsam, die James Bonds, Spidermans und Supergirls dieser Welt, nämlich: Ein Held dient niemals nur sich selbst. Was er macht, tut er immer für andere.

Er hilft den Ärmeren und rettet die Schwachen. Er begibt sich in große Gefahren und handelt manchmal auch gegen den eigenen Vorteil, um anderen zu helfen. Ob er dabei durch seinen selbstlosen Einsatz die halbe Welt vor der Zerstörung bewahrt, ein Kind aus den Händen seines Kidnappers befreit oder hilflose Opfer einer Naturkatastrophe rettet – der Held kämpft nie für sein persönliches Wohlergehen, sondern hat fast immer die anderen im Blick.
Sein Gegenspieler ist fies und gemein. Er hat nur den eigenen Vorteil im Sinn und betrügt gerne auch mal seine Freunde.

Das Verhalten des Helden beurteilen wir automatisch als gut. Anderen zu helfen, empfinden wir als sinnvoll und der Held ist ein Ehrenmann. Aber warum eigentlich? Warum erscheint uns der Held nicht als dumm?
Was hat er schließlich davon, dass er sich für andere Menschen einsetzt? Für Menschen, die manchmal nicht einmal etwas von seinem heldenhaften Wirken mitbekommen und sich deshalb vielleicht nicht bedanken können?

Das Vorbild dieser Helden findet sich wieder einmal in der Bibel: Darin geht es schließlich zu einem großen Teil um Jesus Christus, sozusagen das perfekte Vorbild aller Helden und Ehrenmänner.
Nicht nur, dass er unsere bis heute gültigen Maßstäbe für Gut und Böse nachhaltig gepredigt und kompromisslos vorgelebt hat. Sein selbstloser Einsatz für Benachteiligte und sein mitreißendes Reden vom Reich Gottes, von der Nächsten- und der Feindesliebe haben die Welt verändert, wie es vor und nach ihm noch niemand geschafft hat. Diese Tatsache und nicht zuletzt auch sein Opfer am Kreuz für alle Menschen machen ihn zum größten Helden aller Zeiten, einem echten Ehrenmann.

Vollkommen freiwillig ging er in den qualvollen Tod, ohne auch nur ein winziges Häufchen Schuld auf sich geladen zu haben.
Er hat eine wirkliche „Mission Impossible" nicht nur erfolgreich zu Ende gebracht, sondern sie sogar zu einem Erfolgsmodell mit Ewigkeitsgarantie gemacht. Davor müssen sich eigentlich James Bond, Spiderman, Supergirl und sämtliche ihrer Kollegen verbeugen.
Und wir alle auch!

Am besten tun wir das übrigens, indem wir versuchen, in seine Fußstapfen zu treten. Dort, wo wir uns uneigennützig für andere einsetzen, sind auch wir echte Helden.
Versuchen wir es doch!

💡 Impulse:

★ Wann setzt du dich für andere ein, weil du eine Gegenleistung erwartest?

★ Was ist dein aktueller Lieblingsfilm? Gibt es darin auch einen Helden? Was macht ihn zum Helden?

✏️ Aufgaben:

★ Kennst du vielleicht selbst Alltagshelden? Menschen, die viel für andere tun? Notiere die Namen. Suche dir einen Namen aus und erzähle dieser Person von diesem Kapitel. Bestimmt freut sie sich.

★ Erstelle eine Liste mit vier Dingen, die du für andere tun könntest. Vielleicht schaffst du es ja sogar, manches davon zu verwirklichen und selbst zum Alltagsheld zu werden.

🎥 Filmtipp:

★ Im vielfach ausgezeichneten Film „Das Leben der Anderen" kommt auch ein stiller Held vor. Seht euch doch diesen Film gemeinsam an. Er passt auch perfekt zum Geschichtsunterricht.

Henckel von Donnersmarck, Florian (2006): *Das Leben der Anderen* [DVD], Deutschland: Wiedemann & Berg Film GmbH & Co. KG, Creado Film, Bayerischer Rundfunk (BR), ARTE.

Kirche

Klasse 9

Kirchenfenster

Bist du schon mal an einer Kirche vorbeigelaufen?
Doofe Frage!
Natürlich!
Kirchen gehören zu unseren Städten und Dörfern wie der Punkt zum Komma, die Kreide zur Tafel oder das Handy zum Schüler!
Wir alle kennen genug Kirchen und wissen, wie sie aussehen.
Von außen und von innen!

Viele Leute sind fasziniert von unseren Kirchen. Die großen und berühmten wie zum Beispiel der Kölner Dom locken viele Besucher an und sind ein wichtiger Wirtschaftsfaktor für die Städte, in denen sie stehen. Als 2019 in Paris die bekannte Kathedrale Notre-Dame abgebrannt ist, waren Menschen auf der ganzen Welt traurig. Und noch bevor die Flammen gelöscht waren, wurde schon viel Geld für den Wiederaufbau gespendet.
Kirchen gehören zu unseren Ortschaften ganz selbstverständlich dazu.
Aber was macht eine Kirche eigentlich zu einer Kirche?
Was unterscheidet sie von einem normalen Haus?
Ist es der Turm? Oder die Orgel?
Der Altar im Inneren oder die langen Bänke? Sind es die Glocken?
Oder vielleicht die Fenster? Diese sind ja oft besonders kunstvoll gestaltet, mit Motiven, die häufig auch Weihnachtskarten zieren und die teilweise ganze Geschichten erzählen. Viele von ihnen stammen noch aus einer Zeit, in der viele Menschen nicht lesen konnten. Umso bedeutender waren die geschichtenerzählenden Fenster einer Kirche. Diese Fenster sollten nicht nur schön aussehen. Sie sollten auch wichtige Inhalte weitergeben. Weil sie die biblischen Geschichten in Bildern darstellen, konnten die Menschen im Mittelalter sie verstehen, obwohl sie nicht lesen konnten.
Die Funktion der Kirchenfenster als Geschichten-Erzähler ist heute vielleicht weniger wichtig und bekannt. Die Wirkung dieser Fenster auf die Kirchenräume ist allerdings immer noch vorhanden. Ein herrlicher Anblick, wenn Sonnenlicht durch die bunten Szenen fällt und Staubkörner während der Predigt in den Sonnenstrahlen tanzen.
Aber auch von außen wirken die Kirchenfenster – vor allem nachts. Wer schon aufmerksam bei Dunkelheit an einer innen hell erleuchteten Kirche vorbeigegangen ist, dem dürfte die einladende Wirkung der bunten Fenster nicht entgangen sein.

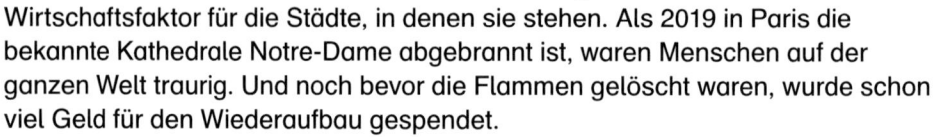

Elisabeth Kübler-Ross, eine Wissenschaftlerin, die sich viel mit dem Leben und Sterben von Menschen beschäftigt hat, vergleicht uns Menschen mit Kirchenfenstern: Wenn die Sonne scheint, also wenn es uns gut geht, dann können wir problemlos strahlen wie ein buntes Kirchenfenster. Wenn es aber Nacht wird oder schlechtes Wetter aufzieht, wenn Probleme kommen und es in unserem Leben dunkel wird, dann brauchen wir ein Licht in unserem Inneren, das uns auch weiterhin Kraft gibt.

Elisabeth Kübler-Ross hat recht!
Solange es uns gut geht, brauchen wir wenig innere Kraft. Wenn alles so läuft, wie wir uns das vorstellen, vielleicht sogar, wie wir es uns wünschen, dann sind wir glücklich und zufrieden. Die Sonne scheint und wir strahlen. An Gott brauchen wir keinen Gedanken zu verschwenden.
Wenn es aber nicht mehr läuft, wenn die Nacht kommt, dann sieht es ganz anders aus. Wenn es uns schlecht geht, schwierige Situationen zu bestehen sind oder Schicksalsschläge uns erschüttern, dann ist es vorbei mit unserem Strahlen. Dann brauchen wir es, dieses „Licht im Inneren", das uns wieder Kraft gibt. Dann brauchen wir Gott!

Am besten, wir lernen ihn schon kennen, bevor wir ihn so dringend brauchen. Was hindert uns daran, mit ihm in Kontakt zu treten?
Fangen wir doch einfach an, Gott näher zu kommen. Zum Beispiel mit einem kurzen Gebet, wie diesem hier:

Lieber Vater!
Du bist jetzt hier! Hier für mich.
Ich ahne es, ich spüre es.
Auf dich möchte ich vertrauen. Ganz fest!
Darauf vertrauen, dass du mich festhältst.
Darauf vertrauen, dass du mein Leben hellmachst.
Darauf vertrauen, dass du das Licht in meinem Inneren bist.
Ein Licht, das nie verlöscht. Auch dann nicht,
wenn dunkle Schatten mein Leben verfinstern.
Und gib, dass ich dein Licht weitertragen kann,
zu all denen, die es brauchen.
Amen

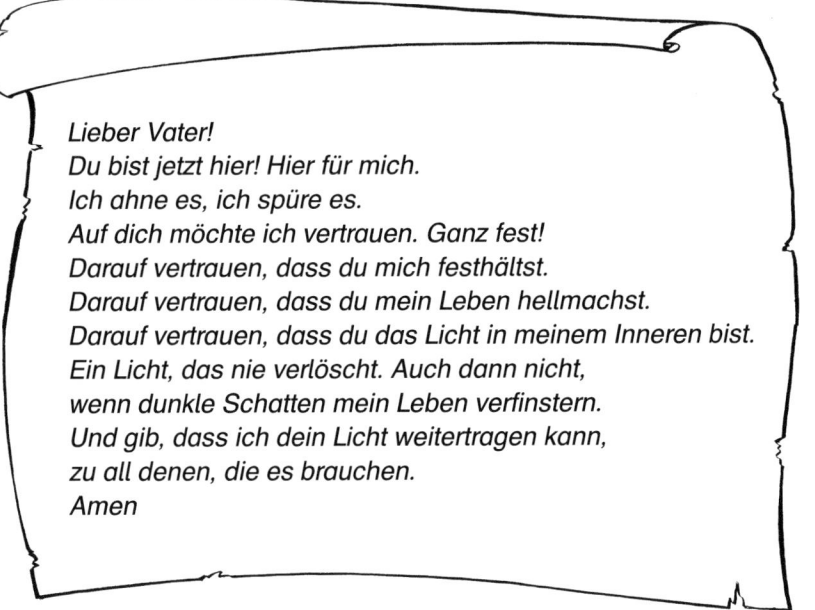

Impulse:

★ In welcher Kirche wurdest du getauft? Wo wurdest du konfirmiert oder gefirmt? Wie sieht es dort aus? An welche Dinge erinnerst du dich? Könntest du den Grundriss aufzeichnen?

★ In welcher Kirche möchtest du deine Hochzeit feiern?

Aufgaben:

★ Stelle dir vor, du wärst Architekt und sollst eine neue Kirche planen. Wie würde deine erste Skizze aussehen? Du kannst entweder zeichnen oder in Stichworten aufschreiben, was dir an deiner Kirche wichtig wäre.

★ Zeichne eine große Kirche auf ein Blatt. Zähle Dinge auf, die dich belasten, und schreibe sie außerhalb der Kirche hin.
Überlege, welche Dinge dir Kraft geben. Schreibe diese Dinge ins Innere der Kirche.
Gestalte dein Bild mit entsprechenden Farben. Vielleicht findest du einen Platz, wo du dein Bild aufhängen kannst.

Welt / Weltverantwortung

Klasse 10

Gut investiert!

„Kacke!"
Vor zehn Sekunden erst hat es zur großen Pause geklingelt. Trotzdem ist die Schlange beim Schulbäcker schon wieder endlos lang. Er würde bestimmt die halbe große Pause anstehen müssen, um noch eine Butterbrezel zu ergattern. Widerwillig stellt Luca sich hinter zwei Fünftklässlerinnen in die Reihe. „War ja klar", murmelt der Zehntklässler vor sich hin, während er in seiner Tasche nach dem Kleingeld kramt. Er hat wirklich Hunger und braucht unbedingt etwas zu essen. Aber wie immer stehen um ihn herum nur Leute, mit denen er nichts anfangen kann. Seine Kumpels treffen sich bestimmt gerade wieder hinter der Sporthalle. Wahrscheinlich sind Lisa und die andere Blonde aus der Parallelklasse auch da. Und er muss sich hier die Füße in den Bauch stehen.
Er zieht die Hand mit den Münzen aus der Tasche und erschrickt. Nur 40 Cent – das reicht ja gerade mal für eine Semmel.
Heute ist anscheinend wirklich nicht sein Tag!

„Hey Luca!" Marcel aus der Parallelklasse kommt auf ihn zu. Er hat zwei Bäckertüten in der Hand. Klar, denkt Luca wütend, Marcels Lehrer hat den Unterricht wieder mal so früh beendet, dass dieser ganz vorne in der Schlange war und sich nicht hinter nervigen kleinen Kindern anstellen musste.
„Hey", sagt er zu Marcel, „alles klar?"
„Läuft", antwortet der und streckt ihm eine der beiden Tüten hin. „Hier, eine Butterbrezel. Für dich!"
Luca bekommt große Augen. Für andere etwas mitbringen ist verboten. Und er hat Marcel ja nicht einmal gefragt. Zögernd nimmt er die Tüte: „Danke, Mann." Dann sieht er verlegen auf die paar Münzen in seiner Hand. „Hier, den Rest bekommst du morgen."
„Lass mal", meint Marcel und beißt kräftig in seine eigene Brezel. „Ist geschenkt. Ach ja, einen schönen Gruß aus dem Reli-Unterricht soll ich noch sagen."

Luca versteht nur Bahnhof: „Hä?"
Marcel erklärt ungeduldig: „Ach, wir haben im Unterricht gerade über Jesus geredet. Und über Geld. Was wir machen würden, wenn wir einen Euro bekommen würden, um damit irgendjemand eine Freude zu machen."
Luca versteht immer noch nicht ganz.

„Und?", fragt er kauend. Die Brezel ist noch ein bisschen warm und schmeckt herrlich. „Das mussten wir dann aufschreiben – also was wir tun würden mit einem Euro. Die Lehrerin hat die Zettel alle eingesammelt und gemeint, dass sie uns in der nächsten Stunde fragt, ob wir das auch wirklich gemacht haben, was wir aufgeschrieben haben. Und dann hat wirklich jeder einen Euro bekommen!"
„Krass! Hat die ungefragt eure Klassenkasse geplündert?"
„Ne! Das haben wir auch gefragt. Aber sie hat gesagt, dass es ihr eigenes Geld ist, weil die Lehrer und Lehrerinnen ja mit gutem Beispiel vorangehen sollen."

Luca ist zuerst ziemlich beeindruckt.
Aber dann denkt er, dass die Frau ja wohl ziemlich doof sein muss.
„Du hättest das Geld ja auch einfach für dich nehmen können."
„Klar. Das hat sie auch gesagt. Also, dass sie es nicht nachprüfen kann, was wir mit dem Geld machen."
„Warum hat sie es euch dann trotzdem gegeben?"
„Sie hat gemeint, dass sie uns vertraut."
„Cool!"
„Die einzige Bedingung war, dass wir einen Gruß aus dem Reli-Unterricht ausrichten sollen, wenn wir das Geld für jemanden ausgeben!"
Nicht schlecht, denkt Luca. So etwas hört er heute zum ersten Mal.
„Gruß zurück", sagt er. „Auf diesen Unterricht hätte sogar ich Bock!"
„Richte ich aus", meint Marcel lachend. „Und jetzt los zur Turnhalle. Diese Blonde, die Freundin von Lisa, hat gefragt, ob du heute auch wieder da bist."

Ist sie nicht sogar aus zwei Gründen ziemlich doof, diese Lehrerin, die ihr Geld verschenkt?
Oder nur ein bisschen zu leichtgläubig?
Erstens könnten die Schüler sie ja wirklich problemlos anlügen und mit dem Euro etwas ganz anderes machen. Und zweitens ist es doch ganz schön blöd, als Lehrerin, ihr eigenes Geld Schülern anzuvertrauen. Sie selbst hat schließlich nichts davon – auch dann nicht, wenn die Schüler wirklich jemand anderem eine kleine Freude damit machen.
Oder?

Die Lehrerin hat es immerhin geschafft, dass die beiden Schüler in der Pause über ihre Religionsstunde reden. Das ist schon mal ein Erfolg, vor allem wenn in diesem Zusammenhang Aussagen wie „Cool" oder „Auf diesen Unterricht hätte sogar ich Bock!" fallen.
Sie hat den Schülern auch das Gefühl vermittelt: Hey, ich vertraue euch! Und ihr bekommt sogar einen kleinen Beweis dafür, nämlich diesen Euro. Auch das wird bei ihren Schülern Spuren hinterlassen. Sie werden sich zumindest ein bisschen darüber freuen, dass ihnen etwas zugetraut wird, auch wenn sie das vielleicht nicht zugeben würden.

Wenn sie dann mit dem bisschen Geld wirklich anderen etwas Gutes tun, geben sie damit auch ein bisschen Freude weiter. Während die Euro-Münze also mehrfach den Besitzer wechselt, hinterlässt sie eine kleine Spur der Freude in mehreren Menschen. Durch die Weitergabe des kleinen „Grußes aus dem Religionsunterricht" wird außerdem klar, wo der Ursprung dieser Freude ist. Nämlich in der christlichen Nächstenliebe.

Übrigens: Auch die Religionslehrerin wird durch diese Aktion mit Sicherheit nicht unbeliebter!
Genauer betrachtet ist ihr Geld also mit Sicherheit eine gute Investition.
Sogar in mehreren Bereichen!

Impuls:

★ Findest du ein Wort, mit dem du die Bedeutung von Geld für dich persönlich beschreiben kannst?

Aufgaben:

★ Versuche, mit einem Satz zu erläutern, was Geld ist.

★ Luca und Marcel erzählen hinter der Turnhalle von der Religionsstunde und ihrem kurzen Gespräch darüber. Besonders Lisas Freundin ist interessiert. Schreibe dieses Gespräch auf.

★ Jesus sagt:

> 19 *Häuft in dieser Welt keine Reichtümer an! Sie werden nur von Motten und Rost zerfressen oder von Einbrechern gestohlen! 20 Sammelt euch vielmehr Schätze im Himmel, die unvergänglich sind und die kein Dieb mitnehmen kann. 21 Wo nämlich euer Schatz ist, da wird auch euer Herz sein.*
>
> (Matthäus 6,19–21, Hoffnung für alle)

Was hat diese Bibelstelle mit der Geschichte von Luca, Marcel und der Religionslehrerin zu tun? Wer sammelt in dieser Geschichte Schätze im Himmel?

Video-Tipp:

★ Gut investiert hat auch der Inhaber eines kleinen Restaurants in Thailand. Seht euch doch den kurzen Clip auf YouTube an:
https://www.youtube.com/watch?v=iVrQqWIs6ZE

Gott

Klasse 10

Dumm oder schlau?

Was ist eigentlich Dummheit?
Woran erkennt man denn überhaupt einen „dummen" Menschen?
Die Frage ist gar nicht so leicht zu beantworten. Mit großer Sicherheit sind es nicht die schulischen Leistungen, die einen zum Dummen oder Schlauen machen. Auch die vielen Videos im Netz über angeblich dumme Menschen zeigen manchmal doch eher Ungeschick und Pech – und sie sagen auch nicht nur Positives über die Leute aus, die solche Videos verbreiten.

Besser beschrieben, was Dummheit ist, hat vielleicht Sokrates, ein schlauer Mann aus dem alten Griechenland:
Er erklärte, dass kluge Menschen immerzu und aus allem lernen, während normale Menschen vor allem aus ihren Erfahrungen lernen. Die dummen Menschen hingegen würden nichts lernen, sondern immer denken, dass sie alles besser wüssten.
Damit könnte er doch recht haben, oder?
Dem Schlauen ist klar, dass er nicht alles verstehen und wissen kann. Er ist sich bewusst, dass wir als Menschen mit unserem bisschen Verstand vieles nicht erklären und verstehen können. Er möchte immer weiter dazulernen, weil er weiß, dass er eben nicht alles weiß. Diese Erkenntnis fehlt dem Dummen. Er denkt, wir Menschen würden die Welt verstehen, könnten sie erklären und vielleicht sogar beherrschen. Ein Dummer braucht zur Erklärung der Welt nicht unbedingt Gott. Ein Schlauer tut sich damit wesentlich schwerer, weil er weiß, dass es zur Erklärung vieler Dinge etwas Größeres braucht als den reinen Zufall.

Vielleicht möchten wir nicht unbedingt einsehen, dass unser Verstand begrenzt ist. Es passt möglicherweise auch nicht unbedingt in unsere Zeit, Platz für einen großen Schöpfer zu lassen, der die Welt und uns gemacht hat.
Aber vielleicht sollten wir doch schlau genug sein. Schlau genug, um einzusehen, dass wir Geschöpfe sind – Geschöpfe, die nicht auf einer Ebene mit dem Schöpfer stehen und daher auch nicht alle seiner Handlungen verstehen oder erklären können.

Vielleicht müssten wir uns selbst und die ganze Menschheit doch ein bisschen realistischer einschätzen. Wir kommen nämlich zu keinen befriedigenden Antworten auf die Fragen, warum wir überhaupt leben, was unser Leben für einen Sinn hat oder wo wir hingehen, wenn wir sterben. Vor diesen wirklich großen und entscheidenden Fragen – und vor vielen anderen auch – muss unser Verstand aufgeben. Schlaue Leute erkennen das!

Vielleicht hilft es da doch mehr, auf Gott zu vertrauen, als alles anzuzweifeln, was wir nicht erklären können. So wie ein Kind sich sicher und geborgen fühlt in der Gegenwart seiner Eltern, so soll es auch uns gehen, wenn wir zu Gott kommen. Was wir selbst nicht erklären, kontrollieren oder machen können, könnten wir doch einfach in Gottes Hände legen – getreu der Abwandlung eines bekannten Sprichwortes, die von meinem Bruder stammt: „Kontrolle ist gut, Vertrauen ist besser!"

Impulse:

★ Welche Leute aus deinem Bekanntenkreis würdest du als besonders schlau bezeichnen? Wie ist deren Einstellung zu Gott?

★ Wie ist deiner Meinung nach die Welt entstanden?

★ Warum gibt es dich?

Aufgaben:

★ Erkläre den Satz: „Die Wissenschaft ist oft nicht mehr als der aktuelle Irrtum."

★ Informiere dich über die aktuellen wissenschaftlichen Aussagen zu einem beliebigen Thema (z. B. Wie ist die Welt entstanden?).
Was waren die wissenschaftlichen Aussagen zum gleichen Thema vor 100 Jahren?
Hatten die Menschen vor 100 Jahren Grund, an diesen Aussagen zu zweifeln?

Filmtipp:

★ Im Film „Gott ist nicht tot" muss ein Student seinem Professor beweisen, dass Gott nicht tot ist. Vielleicht habt ihr ja Lust, euch den Kinoerfolg aus den USA anzusehen.

Cronk, Harold (2014): *Gott ist nicht tot* [DVD], Vereinigte Staaten: Pure Flix Entertainment.

Jesus Christus

Klasse 10

Den Tatsachen ins Auge blicken …

Wie viele Nullen hat eine Milliarde?
Richtig, neun!
Ganz schön viele, oder?
Immerhin 2,2 Milliarden Menschen bekennen sich zum Christentum. Das ist eine 22 mit 8 Nullen! Der Glaube an Jesus Christus als den Sohn Gottes ist damit die größte Religionsgemeinschaft der Welt.
Mit Abstand!
Das ist eine Tatsache!

Tatsache ist es auch, dass die anfangs so große Begeisterung für den Wanderprediger Jesus ein schnelles und trauriges Ende fand, damals in Jerusalem. Kurz nach seinem triumphalen Einzug in Jerusalem, wo ihm noch die Menschenmassen zugejubelt hatten, wurde er als Verbrecher verspottet, verurteilt und hingerichtet. Diese Dinge berichtet nicht nur die Bibel. Auch andere Schriften aus dieser Zeit erzählen davon.

Nach dem Tod ihres Anführers mussten auch seine engsten Anhänger auf einmal um ihr Leben fürchten. Seit langer Zeit waren sie Jesus gefolgt, vom See Genezareth bis nach Jerusalem. Ob sie sich dort wohl gefühlt haben, die eher rauen Burschen vom Land?
Beeindruckende Wunder hatten sie miterlebt und heftige Diskussionen. Jesus hatte sie herausgefordert und verändert, manchmal auch verwirrt. Und jetzt war er tot. Hingerichtet als Verbrecher unter Verbrechern.

Anscheinend hatten sie doch aufs falsche Pferd gesetzt. Jesus war, entgegen ihrer Erwartungen, nicht in einer tollen Zeremonie zum König der Juden gemacht worden. Es jubelte ihm keiner mehr zu, wie noch vor kurzer Zeit. Verspottet, geschlagen und gekreuzigt hatten sie ihn, den angeblichen Sohn Gottes.
Was für ein Absturz?
Was für ein jämmerliches Scheitern?
Einfach peinlich!

Dirk Schwarzenbolz: Ist da jemand?
© Auer Verlag

Und was, wenn man sie – die Jünger – nun auch verfolgen und hinrichten wollte? Aus gutem Grund haben sie sich eingeschlossen und versteckt, waren verständlicherweise voller Angst und am Boden zerstört. Vermutlich hätten wir es an ihrer Stelle nicht anders getan. Eigentlich hätte es spätestens an dieser Stelle vorbei sein müssen mit dem Glauben an Jesus aus Nazareth als den Sohn Gottes. Schließlich hatte er doch ganz offensichtlich ausgespielt. Seine angeblichen Wunderkräfte hatten ihn selbst nicht retten können, seine Anhänger würden sich vermutlich so schnell wie möglich zerstreuen und die mit Jesus verbrachte Zeit bestenfalls als überstandenes Abenteuer betrachten.

Was aber hat die verängstigten und enttäuschten Jünger dann dazu gebracht, aus ihrem Versteck zu kommen und ungefragt allen zu verkünden, dass Jesus nicht mehr tot sei? Was hat ihnen und ihrer Botschaft so viel Power und Überzeugungskraft gegeben, dass ihnen die Menschen massenweise geglaubt haben?
Bis heute hat niemand eine bessere Erklärung für dieses Verhalten der Jünger gefunden, als dass Jesus wirklich auferstanden ist und sich seinen Jüngern gezeigt hat.

Wissenschaftler sind immer auf der Suche nach der Wahrheit, nach den Tatsachen. Als Tatsache anerkannt ist, dass Jesus auf der Erde gelebt hat. Auch dass er hingerichtet wurde, gilt als bewiesen. Eine Erklärung dafür, dass seine Botschaft nicht mit ihm gestorben ist, sondern sich tatsächlich über die Welt verbreitet hat, muss vielleicht jeder selbst finden. Die wahrscheinlichste aber ist ganz einfach: Jesus ist wirklich von den Toten wiederauferstanden und hat sich vielen verschiedenen Menschen gezeigt! Eine bessere Erklärung für die Verhaltensänderung der Jünger konnte bisher noch niemand liefern.
Zuerst enttäuscht und verletzt, am Boden zerstört und verängstigt. Dann mit einem Mal – wie durch ein Wunder – total verändert und mit einer solchen Kraft, dass sie viele andere überzeugen konnten.

Woher kam diese Überzeugung?
Was gab ihnen die neue Kraft?
Eine Kraft, die dafür gesorgt hat, dass heute ungefähr 2 200 000 000 Menschen ihrer Aussage glauben, trotz vieler Widerstände?

Mächtige und kluge Leute haben sich gegen das Christentum gestellt. Dauerhaften Erfolg hatte keiner von ihnen. Manchen ging es sogar anders als gedacht.

Der amerikanische Journalist Lee Strobel hatte sich vorgenommen, zu beweisen, dass die Auferstehung von Jesus Christus keine Tatsache sein konnte. Er überlegte, recherchierte und befragte die anerkanntesten Experten. Die hier aufgezählten Überlegungen stammen teilweise von ihm. Das Ergebnis seiner Nachforschungen veröffentlichte Strobel in einem Buch, dessen deutsche Übersetzung „Der Fall Jesus. Ein Journalist auf der Suche nach der Wahrheit" 1999 erschien und welches mittlerweile auch verfilmt ist.

Lee Strobel, gestartet als ausgesprochener Kritiker des Christentums, kommt in seinem Buch zu einem überraschenden Schluss: Jesus ist tatsächlich von den Toten auferstanden! So unglaublich diese Nachricht auch klingen mag, es gibt eindeutig mehr Anzeichen, die für eine Auferstehung sprechen als dagegen.

Lee Strobel hat nach dieser Erkenntnis sein Leben umgestellt. Er hat den Tatsachen ins Auge geblickt und ist Christ geworden.
Was machen wir?
Verschließen wir die Augen vor solchen Argumenten?
Oder verschieben wir – wie so oft – die Entscheidung darüber? Irgendwann kommt sie vermutlich auf uns zu, diese Frage, und abnehmen kann sie uns niemand. Warum also nicht hier und jetzt den Tatsachen ins Auge blicken?

Impulse:

★ Welche Erklärung für dieses ungewöhnliche Verhalten der Jünger nach Jesu Tod findest du?

★ Mal ehrlich: Gibt es Wunder wirklich?

Aufgabe:

★ Stelle dir vor, Petrus hätte damals ein Handy gehabt. Nach der Auferstehung von Jesus schreibt er seiner Frau eine Whatsapp-Nachricht, was passiert ist. Verfasse diese Nachricht.

Filmtipp:

★ Die Geschichte des Journalisten Lee Strobel ist verfilmt worden. Seht euch doch gemeinsam den Film „Der Fall Jesus" an.

Gunn, Jon (2017): *Der Fall Jesus* [DVD], Vereinigte Staaten: Pure Flix Entertainment, Triple Horse Studios.

Mensch

Klasse 10

Immer weiter?

Schwarze Wolken türmen sich drohend auf über dem engen Tal in den Bergen. Es donnert und stürmt. Die ersten dicken Regentropfen fallen. Hilfesuchend eilt der vom abendlichen Gewitter überraschte Wanderer zur Tür des einsam gelegenen Klosters. Vielleicht findet er dort Unterschlupf vor den Naturgewalten.

Freundlich bitten die Mönche den völlig durchnässten Mann herein. Sogleich wird er mit einer warmen Decke versorgt und mit einem Becher heißen Tee. Wegen des schlechten Wetters und der späten Abendstunde laden die Mönche den Wanderer ein, im Kloster zu übernachten. Dankbar nimmt er die Einladung an und sieht sich interessiert ein wenig im Kloster um.

Er ist überrascht über die äußerst einfache Einrichtung der Zellen. „Wo haben Sie denn Ihre Möbel?" fragt er schließlich einen der Mönche.

Statt ihm eine Antwort zu geben, stellt dieser ihm in freundlichem Ton eine Gegenfrage: „Und Sie? Wo haben Sie Ihre Möbel?"

Der Gast schüttelt den Kopf über so viel Unverstand. „Na, erlauben Sie mal. Ich bin doch nur auf der Durchreise!"

„Sehen Sie?", antwortet der Mönch mit einem hintergründigen Lächeln. „Das sind wir auch!"

Mich spricht sie an, diese kurze Geschichte vom Touristen und dem Mönch – immer wieder neu. Vor allem in den Zeiten des Lebens, in denen ich mit Schwierigkeiten zu kämpfen haben, in denen sich Probleme auftürmen und ich manchmal kaum noch Land sehe, hilft mir diese kleine Geschichte.

Vermutlich gab und gibt es im Leben eines jeden Menschen solche Zeiten. Zeiten, in denen uns scheinbar der Boden unter den Füßen weggezogen wird und in denen wir nicht mehr wissen, was wir glauben oder woran wir uns halten sollen. Auch und gerade in solchen Situationen will uns diese Geschichte helfen.

Sie kann uns ein bisschen aufmuntern und den Blick öffnen für eine neue Dimension. Selbst wenn uns scheinbar unser ganzes Leben um die Ohren fliegt und wir nicht mehr wissen, wie es weitergehen soll, oder ob es überhaupt weitergehen kann. Die Antwort des Mönchs macht uns darauf aufmerksam, dass das ganze Leben eine Reise ist. Eine Reise, bei der auf schlechte Zeiten meist auch wieder bessere folgen. Kaum ein Leid hält für immer an und in den meisten Fällen kommt nach dem Weinen auch wieder Lachen. Auch nach dem schlimmsten Gewitter scheint irgendwann wieder die Sonne.

Das Leben ist eine Reise mit Höhen und Tiefen. Eine Reise, die letztendlich auch zu einem guten Ziel führt.
Der jetzige Moment ist nicht alles. Wir alle sind wirklich auf einer Reise, auf der Durchreise. Alles, was wir erleben – und manchmal auch erleiden – ist nicht das Letzte, nicht das Bleibende.

In besonders schwierigen Situationen tröstet mich dieser Gedanke, dass auch schwere Momente wieder vergehen, dass man traurige Tage hinter sich lässt, dass wir wirklich nur auf der Durchreise sind. Aber vielleicht sollte mich – vielleicht sollte uns alle – dieser tröstliche Gedanke viel öfter begleiten.
Ganz verschwinden werden unsere Sorgen und Probleme deswegen bestimmt nicht. Aber vor diesem Hintergrund erscheinen sie vielleicht nicht mehr ganz so groß, nicht mehr ganz so unüberwindbar.

Darauf zu vertrauen, dass Gott mich in jeder Situation liebevoll in seiner großen Hand hält, dass er mir immer wieder auch schöne Zeiten schenkt – Zeiten, die mir ein Lächeln ins Gesicht zaubern – das will ich lernen und dafür will ich ihm dankbar sein.

Impulse:

★ Welche Dinge machen das Leben schön?

★ Wäre dein Leben besser, wenn es nur aus schönen Dingen bestehen würde?

Aufgaben:

★ Schlage doch mal in deiner Bibel Römer 8, 38–39 auf und versuche in eigenen Worten zu erklären, was der Verfasser damit ausdrücken möchte.

★ Welche Dinge würdest du als Erstes erledigen, wenn du wüsstest, dass du nicht mehr lange leben wirst? Erstelle eine Liste.

★ Wie sieht es im Himmel aus? Beschreibe oder zeichne deine Vorstellung von Gottes Reich.

Buch-Tipp:

★ „Oskar und die Dame in Rosa" von Éric-Emanuel Schmitt ist ein lustiges und trauriges Buch zugleich – ein Buch voller Trauer, aber auch mit jeder Menge Hoffnung. Und es ist so kurz, dass man es gut im Rahmen des Unterrichts lesen kann. Wie wäre es …

Schmitt, Éric-Emmanuel (2003): *Oskar und die Dame in Rosa*, Zürich: Ammann Verlag.

Mensch Klasse 10

Krisenmanagement

Ein gehässiger Mann kam zu einer Oase in der Wüste. Er sah eine kleine Palme und konnte es nicht ertragen, dass sie scheinbar so gut gedieh. Er nahm einen schweren Stein und legte ihn in die Krone der Palme. Sie sollte daran leiden oder zugrunde gehen.

Die kleine Palme versuchte, den Stein abzuschütteln. Aber das gelang ihr nicht. Sie hatte keine andere Möglichkeit, als ihre Wurzeln besonders tief ins Erdreich zu versenken, um mit ihrer zusätzlichen Last fertigzuwerden.

Einige Jahre später kam der Gehässige wieder zu der Oase. Er suchte schadenfroh nach einer verkrüppelten oder verdorrten Palme, konnte aber keine solche finden.

Als er sich verwundert umsah, beugte sich die größte und schönste Palme zu ihm herab und sagte: „Vielen Dank für die Last, die du mir damals in die Krone gelegt hast. Sie hat mich stark gemacht!"

Meine kleine, heile Welt brach zusammen an jenem Nachmittag im Sommer. Alles war so schön gewesen, alles hatte gepasst.
Ich hatte mir die Zukunft in rosigen Farben ausgemalt. Gemeinsam hatten wir Pläne gesponnen, Projekte überlegt – und dann machte sie Schluss.
Aus der Traum, verpasst die Chance. Mit einem Mal war nichts mehr so wie vorher.

Schwierige Situationen gibt es im Leben von uns allen. Da bin ich mir ganz sicher. Und manche von uns haben vielleicht auch mit viel schlimmeren Dingen zu kämpfen als mit dem Ende einer Jugendliebe. Je älter wir werden, umso mehr Erfahrungen machen wir. Wir erleben schöne und weniger schöne Dinge. Und manchmal müssen wir auch durch richtig tiefe Täler gehen.
Leider!

Viele dieser Krisen haben aber auch etwas Gutes. Die wenigsten Menschen entwickeln sich in den Zeiten weiter, in denen alles rundläuft. Warum auch? Wenn alles passt, muss man ja nichts verändern. Gerade die schweren Zeiten, in denen wir vielleicht sogar das Gefühl haben, den Boden unter den Füßen zu verlieren – gerade diese Zeiten lassen uns wachsen und reifen. Der Nachmittag, an dem meine damalige Freundin Schluss gemacht hat, war wirklich nicht schön. Aber er war schließlich auch dafür verantwortlich, dass ich für eine längere Zeit ins Ausland gegangen bin, und auch dafür, dass ich meinen ersten Beruf heute nur noch aus Spaß ausübe.
Im Rückblick bin ich heute ausgesprochen dankbar dafür, dass es so gekommen ist. Allerdings findet nicht jede Krise ihre Lösung noch in diesem Leben. Und manche Krise umfasst beinahe die ganze Welt, wie die Corona-Pandemie.

Weil im Buch der Bücher keine der menschlichen Grunderfahrungen ausgespart ist, hat sie natürlich auch hilfreiche Tipps zum Krisenmanagement parat – die Bibel. Sie berichtet uns von Gott. Von Gott und von Menschen, die verschiedene Erfahrungen mit Gott gemacht haben – schöne, aber auch schlimme und brutale. Die Bibel erzählt auch von Menschen in schwierigen Situationen und sie hat hilfreiche Tipps zum Krisenmanagement. Jesus selbst vergleicht uns Menschen im Matthäusevangelium (Kapitel 7) mit Bauherren. Da ist einmal der kluge Mann: Er hört, was Jesus sagt, und er handelt danach. Er verlässt sich auf Gott und merkt, er wird gehalten, er wird getragen. Wie die Palme aus der Geschichte gräbt er seine Wurzeln tief in den Grund, in den Ursprung seines Lebens und er erfährt: Sein Haus steht auf festem Grund und auch die Stürme des Lebens, die Krisen, können ihm wenig anhaben. Ein anderer, offensichtlich weniger kluger Mann hört ebenfalls, was Jesus sagt, richtet sich aber nicht danach. Ihm fehlt die Erfahrung, dass man sich auf Gott verlassen kann. Sein Haus ist auf Sand gebaut und hält den Krisen des Lebens nicht stand.

In Krisen verlieren wir den Halt. Was unserem Leben bisher Sicherheit gegeben hat, bricht weg. Wirklich helfen kann uns daher nur etwas, das außerhalb unseres eigenen Lebens liegt. Ein Ertrinkender kann sich auch nicht an den eigenen Haaren aus dem Wasser ziehen. Er braucht Hilfe von außen. Gott streckt uns seine Hand entgegen. Er möchte uns begleiten und er möchte uns halten, in den schönen Zeiten unseres Lebens, aber auch in den Krisen. Er allein kann uns festen Halt geben, weil er über unserer ganzen Welt steht. Je früher wir das erkennen und seine Hand ergreifen, umso besser.

Wir sind dabei übrigens nicht die Einzigen: Von unzähligen schlimmen Situationen berichtet uns die Bibel, von Naturkatastrophen, erschütternden Schicksalsschlägen und von der tiefsten Verzweiflung einzelner Menschen. Eines der bekanntesten Beispiele ist Jesus selbst. Im Markusevangelium in Kapitel 15, 34 ist überliefert, wie der Sohn Gottes, am Kreuz hängend, verzweifelt ruft: *[...] Mein Gott, mein Gott, warum hast du mich verlassen?* (Markus 15,34, Hoffnung für alle). Eine tiefere Krise kann es kaum geben.

Das Evangelium wäre aber keine frohe Botschaft, wenn es in der Krise stecken bleiben würde. Die Geschichte mit Jesus geht weiter und führt zu seiner Auferstehung, die uns bis heute Hoffnung gibt – und die Geschichten vieler anderer verzweifelter und krisengebeutelter Menschen in der Bibel gehen auch weiter. Gott ist das Schicksal seiner Geschöpfe nicht egal. Ganz im Gegenteil, sie sind unendlich wichtig für ihn.
Das gilt auch für uns!
Wir sind ihm nicht egal, auch wenn wir sein Wirken bei Weitem nicht immer verstehen. Dennoch will ich immer mehr darauf vertrauen lernen, dass er mein Schicksal in seinen Händen behält, auch und gerade in den schweren Zeiten meines Lebens, wie es besonders schön formuliert ist im Römerbrief in Kapitel 8, 38–39:

> 38 *Denn ich bin ganz sicher: Weder Tod noch Leben, weder Engel noch Dämonen, weder Gegenwärtiges noch Zukünftiges noch irgendwelche Gewalten,* 39 *weder Hohes noch Tiefes oder sonst irgendetwas auf der Welt können uns von der Liebe Gottes trennen, die er uns in Jesus Christus, unserem Herrn, schenkt.*
>
> (Römer 8,38–39, Hoffnung für alle)

Impuls:

★ Welche Krisen hast du schon überstanden?
Was hat dir damals geholfen?

Aufgabe:

★ Gestalte ein Bild mit einem Haus im Sturm. Schreibe in die Sturmwolken verschiedene Dinge, die Krisen auslösen können. In die Steine des Fundamentes schreibst du die Dinge, die deinem Lebenshaus Halt geben.

Filmtipp:

★ Seht euch den Film „Die Hütte" an. Darin geht es um die tiefe Krise eines Menschen – und seine wunderbaren Erlebnisse danach. Wirklich sehenswert!

Hazeldine, Stuart (2017): *Die Hütte – Ein Wochenende mit Gott* [DVD], Vereinigte Staaten.

Jederzeit optimal vorbereitet in den Unterricht?

» Lehrerbüro!

Hier finden Sie alle Unterrichtsmaterialien

der Verlage Auer, AOL-Verlag und PERSEN

immer und überall online verfügbar.

lehrerbuero.de
Jetzt kostenlos testen!

» lehrerbüro

Das Online-Portal für Unterricht und Schulalltag!